일본 도쿄 백년 맛집 탐구생활

일본 도쿄 백년 맛집 탐구생활

| 만든 사람들 |
기획 인문 · 예술기획부 | **진행** 양종엽 | **집필** 김성수 | **표지디자인** 원은영 · D. J. I books design studio
편집디자인 이선주

| 책 내용 문의 |
도서 내용에 대해 궁금한 사항이 있으시면
저자의 홈페이지나 J&jj 홈페이지의 게시판을 통해서 해결하실 수 있습니다.
제이앤제이제이 홈페이지 www.jnjj.co.kr
디지털북스 페이스북 www.facebook.com/ithinkbook
디지털북스 인스타그램 instagram.com/digitalbooks1999
디지털북스 유튜브 유튜브에서 [디지털북스] 검색
디지털북스 이메일 djibooks@naver.com
저자 이메일 kennsinnjp@naver.com

| 각종 문의 |
영업관련 dji_digitalbooks@naver.com
기획관련 djibooks@naver.com
전화번호 (02) 447-3157~8

일본 로컬 맛집

한국인 최초 시니어 사케 소믈리에 '사카쇼(酒匠)',
사케오타쿠 김성수가 추천하는 도쿄 로컬 맛집 & 사케 이야기

일본 나고야 백년 맛집 탐구생활

—

김성수 저

프롤로그

2020년 8월 중순, 10여 년 이상 단골로 다니던 이발소가 문을 닫았다. 고령의 이발사, 낡은 시설, 염가의 서비스 요금으로 언제까지 유지될 지 염려해 본 적은 있었다. 불과 3주 전 갔을 때만 해도 에어컨이 고장나 불편을 끼쳐 미안하다며 바로 수리하겠다고 말씀해 주셨는데, 돌연 폐업을 했다.

2008년, 내가 지금 살고 있는 동네에 이사 왔을 때도 이미 오랫동안 자리를 잡고 있던 이발소였다. 당시 주말이면 하루 종일 10여 명 이상의 대기자를 두고, 6명의 이발사가 쉴 새 없이 손님을 받았다. 몇 년이 지나, 전철역 구내에 1,000엔 이발소가 생기면서 손님이 줄기 시작했고, 이발사도 한명 두명 줄면서 폐업 직전에는 2명 내지 3명의 이발사가 손님을 받는 정도였다. COVID19 바이러스가 창궐하지 않았다면 좀 더 영업을 할 수 있었을텐데... 라는 아쉬움이 지워지지 않는다. 오래 다닌 덕분에 어떻게 해 달라는 주문을 하지 않아도 자리에 앉으면 정해진 내 스타일 대로 이발해 주시고, 샴푸와 세심한 면도까지 일사천리로 나를 깔끔하게 다듬어 주던 곳이다. 단골 가게가 사라졌다는 것. 참 아쉽다.

도쿄의 오래된 맛집을 테마로 사진과 글을 정리하던 중에 COVID19가 무서운 기세로 확산되기 시작했다. 2020년 도쿄 올림픽이 개최되기 전에는 마무리 지을 예정이었지만, 모두가 알고 있는 바와 같이 세상이 어지러워졌다. 사람들은 알 수 없는 바이러스에 생명의 위협을 느끼며 마스크를 구하기 위해 동분서주했고, 급기야 올림픽 개최는 연기되어 버렸다. 사람들이 외출하지 않게 되면서 수많은 경제적 문제가 발생하고 그 중에서도 요식업이 큰 타격을 받았다. 이전부터 경영에 어려움이 있었는지, 단순히 COVID19의 맹위에 이기지 못했는지는 알 수 없지만, 내가 아는 가게 중에서도 제법 많은 숫자의 가게가 문을 닫았다. 100년 이상의 전통을 가진 도쿄의 노포(老舗, 대대에 걸쳐 장사나 사업을 운영하여 오랜 전통이 있는 가게 또는 기업을 가리키는 말.) 스끼야끼 전문점이 문을 닫는다는 TV뉴스를 보았고, 연일 폐업을 생각 중이라는 요식업 점주의 인터뷰가 신문과 TV뉴스를 통해 흘러나오는 암울한 시간의 연속이었다. 상황이 이렇다 보니 내가 정리한 100년 맛집도 언제 없어질지 모른다는 일말의 불안을 안게 되었다. 실제로 폐업을 한 가게는 없었지만, 임시 휴업을 하거나, 노후 건물을 수리하거나 등의 이유로 임시 이전을 한 가게가 몇 군데 있다. 2020년 8월 말경 이 책에 실으려고 글을 써 놓은 어느 노포 앞을 지나가다가 원래 있어야 할 터에 가게가 없어진 걸 보고 깜짝 놀란 적도 있었다. 인터넷으로 한참을 수소문해 보니 이전하여 다시 오픈할 예정이라는 사실을 알고 안도의 한숨을 쉰 적도 있다. 그런데, 이 곳은 2023년 12월 현재 아직도 오픈 예정 중이다. 홈페이지 게시판에 2024년 봄 예정이라고 되어 있는데 작년부터 벌써 3차례나 연기에 연기를 거듭하고 있어서 이마저도 장담할 수 없는 정도다. 아쉽게도 이 글에는 싣지 않기로 했다.

유효한 백신 개발이 언제 될지 알 수 없는 불안한 현실에 그저 손을 놓고 멍하니 좌시할 수밖에 없는 안타까운 시간을 보내며, 하루 일과가 판에 박은 듯한 나날을 2여 년 넘게 보냈다. 오래된 노포에 대해 좀 더 생각해 보게 되었다. 맛이 있고 잘 유지해서 오랫동안 장사하는 가게. 이전까지 나는 단순하게 그런 이미지를 가지고 있었다. 50년, 100년을 넘게 같은 장사를 한다는 것이 단순한 일이 아니라는 것을 새삼 느꼈다.

일본 수상(Prime Minister)은 몇십 명이 바뀌었고 수많은 크고 작은 자연재해로 인명피해와 경제적 손실도 수차례 겪었다. 전쟁도 치르고, 버블붕괴로 이른바 잃어버린 30년이라는 불황에도 빠졌고 세계적인 경제위기 또한 몇 차례나 겪었지만 지금까지 이어오고 있다. 앞으로도 이어갈 것이 틀림없을 것이다. 노포는 제 각각의 히스토리를 가지는 각별한 문화 공간이라고 생각한다. 그 어떤 조미료로도 흉내 낼 수 없는 맛이 그곳에 배어 있는 듯 느껴지며, 언제 찾아가도 한결같은 만족을 느끼게도 해 준다. 노포의 맛은, 과거의 누군가 느꼈던 만족을 오늘의 내가 느끼며, 미래의 누군가 또한 비슷한 만족을 느끼게 될 것이다. 반드시 라는 단정은 지을 수 없지만, 오랜 시간을 잇고 있는 맛은 보편적으로 기쁨을 주는 맛이라고 생각한다.

도쿄에서 100년 이상 된 노포를 찾으며 정리를 시작할 때, 교토, 오사카와 비교해 노포가 많지 않을 것 같다는 걱정을 했었다. 다행히도 제법 많은 노포가 있었다. 문제는 압도적으로 장어덮밥과 소바 전문점으로 가득했다. 단순히 어느 가게가 어디에 있다는 가이드북을 만들 요량이라면 그것만으로도 충분할 수 있겠지만, 다양한 가게를 안내하려는 내 의도에는 부족한 부분이 있었다. 해결책으로 50년 이상의 노포를 포함해 보니, 훨씬 다양한 장르의 노포를 갖출 수 있게 되었다. 이들 가게는 틀림없이 50년 뒤에도 지금의 업을 이어가고 있을 거라고 생각한다. 100년의 전통을 가지게 될 것이며, 또 다음의 100년을 이어 갈 거라고 생각한다.

무사히 도쿄 100년 맛집을 정리할 수 있어서 기쁘다. 무더위 속에 또다시 발품을 팔아서 수고해 준 누나 김경화에게 감사하고 완성된 책으로 만들어주신 출판사 양종엽 본부장님과 팀원분들의 노고에 진심으로 감사를 드린다.

2024년 1월 사케오타쿠 김성수

차례

아사쿠사

긴자

아사쿠사
ASAKUSA
浅草

창업 1789년
장어덮밥 얏코(やっこ)

갓파바시 거리

　　조리 · 주방 비품에 관한 모든 것이 구비되어 있는 전문 상점가 '갓파바시 (かっぱ橋)' 거리. 주된 고객은 음식점 주인이거나 요리사들이다. 남북으로 800m 남짓의 도로를 사이에 두고 양쪽으로 약 170여 개의 상점이 들어서 있다. 처음에는 오래된 도구를 취급하는 몇 개의 상점이 1912년 경 들어선 것을 시작으로 점점 가게들이 늘어나 오늘날의 모습으로 변모해 왔다고 한다. 한 때 나도 이 곳을 자주 찾은 적이 있다. 일반적인 상점에서는 취급하지 않는 조금 큰 사이즈의 물건을 인터넷 온라인 상점에서 하루 종일 찾아도 못 찾은 비품이 있었는데, 갓파바시에서 30여분 만에 딱 원하는 크기의 물건을 찾았다. 지금도 가끔 아무런 목적 없이 산책

삼아 지나가곤 한다. 이것 저것 구경하다 보면 무심코 사고 싶어 지는 도구가 있기 마련인데 가격표를 들여다보면 역시 제대로 값이 나가는 것들이다.

갓파바시 상점을 구경하고 나서 슬슬 아사쿠사(浅草)방면으로 향하며 좁은 골목을 산책하는 것도 재미가 있다. 현대적인 빌딩이나 맨션이 들어서 있기는 하지만, 아직도 군데군데 2층으로 된 일본 특유의 가옥이 있다. 가끔 집 앞에 고양이가 배를 내어놓고 뒹굴거나 나른하게 하품하는 풍경도 흔히 볼 수 있고, 동네 할머니들끼리 이야기를 나누는 일상의 모습을 풍경으로 볼 수 있는 곳이다.

갓파바시를 뒤로하고 큰 길을 건너면 바로 아사쿠사(浅草)다. 센소지(浅草寺)를 향하는 초입에 장어덮밥으로 유명한 '얏코(やっこ)'가 보인다. 창업과 연혁의 기록이 남아 있지 않아 정확한 연도는 알 수 없지만, 관정(寬政, 1789~1800년 당시의 연호)시대 문헌에 소개되어 당대에도 아사쿠사의 대표적인 맛집으로 널리 알려진 노포(老舗)이다.

가게의 장소는 창업 당시와 거의 변함없는 위치라고 한다. 안으로 들어서면 1층은 20세기 초 서구문화를 적극적으로 받아들이던 당시대의 낭만이 느껴지는 앤티크 인테리어로 꾸며져 있으며, 2층은 전통적인 자시키(座敷, 다다미방)로 되어 있다.

　　한국에서도 제법 익숙한 일본의 소설 '나는 고양이로소이다(吾輩は猫である)', '도련님 (坊っちゃん)' 등의 소설을 쓴 일본 근대 소설가 '나쓰메 소세키(夏目漱石, 1867년~1916년)'의 '우미인초(虞美人草)', '피안 지나기까지(彼岸過迄)'의 두 소설에서도 얏코가 언급되어 있기 때문에 '나쓰메 소세키'의 팬들이 지금도 찾아오고 있다고 한다.

> **「우미인초 虞美人草(1907년)」에서 언급된 구절**
> 『ある人に奴鰻を奢ったら、御蔭様で始めて旨い鰻を食べましてと~』
> 어떤 이에게 얏코 우나기를 대접했더니, 덕분에 처음으로 맛있는 우나기를
> 맛 보았습니다라고~ (저자의 번역)
>
> **「피안 지나기까지 彼岸過迄(1912년)」에서 언급된 구절**
> 『わざと門跡(もんぜき)の中を抜けて、奴鰻の角へ出た』
> 일부러 절을 가로 질러서 얏코 우나기 사거리로 나왔다 (저자의 번역)

　　메인 요리인 장어덮밥과 그 이외에도 사시미와 몇몇 안주가 있어 술 한 잔 하기 좋다. 안주 중에서도 특이한 것은 '우나기(장어) 햄'이다. 별미로 장어 뼈, 껍질을 조리해서 내어 주는 경우는 간혹 경험한 적이 있지만, 우나기 햄은 처음 맛보

왔다. 한 마리 한 마리씩 다듬어 말아서 만들어야 하는 손이 많이 가는 요리이기 때문에 취급하기 쉽지 않는 것 같다. 또한, 고기 햄과 달리 장기 보관이 용이하지 않은 점도 이 요리를 쉽게 접하지 못하는 이유 중 하나일 것이다. 다른 경험자에 따르면 대부분 특유의 이상야릇한 냄새 때문에 선호하지 않는 경우가 있다고 한다. 얏코의 우나기 햄은 거부 반응을 일으키는 향이 없다. 우나기 본연의 고소한 살코기 내음이 여리게 느껴질 뿐이다. 살과 껍질 사이에 콜라겐이 풍부하게 남아 있어 조금은 기름지게 느껴질 수 있지만, 이것도 와사비를 듬뿍 올려 먹으면 와사비의 매운맛은 사라지고 입안의 상쾌함이 도드라져 질리지 않고 맛나는 술 안주가 되어 준다.

아쯔캉(熱燗, 섭씨 50도 정도로 뜨겁게 데운 사케, 데운 사케의 총칭. ※ 7장 간단 '사케 기초' ⑦ - 사케의 음용온도 참조)으로 겟케이칸(月桂冠, 교토(京都)에 있는 겟케이칸 주조(月桂冠酒造)의 사케(보통주))을 시켜려고 했더니, 종업원이 다른 종류의 사케도 있다고 알려주길래, 사이타마현(埼玉県, 도쿄 북서부 지역의 현)의 명주 신카메(神亀)를 부탁했다. 탁월한 선택이었다. 한 잔 입에 갖다대는 순간, 신맛이 도드라지고 우마미(감칠맛)의 여운이 길게 남는 특징이 있어서 우나기 햄과 아주 잘 어울린다는 생각이 들었다.

엄선 쥰마이슈(厳選純米酒)

신카메 카라쿠치 神亀辛口	1홉 820엔 2홉 1,640엔	사이타마현 埼玉県
쿄노하루 京の春	1홉 850엔 2홉 1,700엔	교토후 京都府
탄자와산 레이호 丹沢山 麗峰	1홉 850엔 2홉 1,700엔	카나가와현 神奈川県
오쿠하리마 호쥰쵸카라 奥播磨 芳醇超辛	1홉 850엔 2홉 1,700엔	효고현 兵庫県
하쿠라쿠세이 白楽星	1홉 820엔 2홉 1,640엔	미야기현 宮城県
텐유링 天遊琳	1홉 820엔 2홉 1,640엔	미에현 三重県
코이카와 카메지코지츠 鯉川 亀治好日	1홉 820엔 2홉 1,640엔	야마가타현 山形県

나는 유전적인(제가 아버지를 닮아) 취향 때문에 평소 된밥보다 진밥을 선호한다. 얏코의 밥은 내가 선호하지 않는 된밥임에도 불구하고 전혀 거부감을 느끼지 못했다. 달지 않은 장어덮밥 소스와 젓가락으로 잘리는 부드러운 장어의 조화가 아주 좋다.

2명 이상일 경우에는 우나기즈쿠시 코스(鰻づくしコース)가 좋을 것이다. 우나기 햄, 계란말이 등이 곁들여져 얏코의 모든 우나기 요리를 조금씩 한 번에 맛볼 수 있어 가성비도 좋다.

소개메뉴

사케 1홉(180ml) ·························· 600엔~ | 장어덮밥 うな重 ·········· 2,850엔~

우나기 햄 うなぎハム ························ 1,300엔

우나기즈쿠시 코스 鰻づくしコース ···· 5,760엔(1인) ~

점포안내

점포명	얏코 やっこ
주소	東京都台東区浅草 1-10-2
TEL	+81 3-3841-9886
영업시간	11:30~20:00
정기휴일	수요일, 연말연시
평균예산(1인)	런치 3,000엔~4,000엔	디너 6,000엔~8,000엔
참고 URL	https://tabelog.com/kr/tokyo/A1311/A131102/13016652/

※ 메뉴와 가격은 2023년 6월 현재 기준입니다. 메뉴와 가격은 변동될 수 있다는
  점을 양해해 주시기 바랍니다.

점포안내　　구글지도

창업 1801년
미꾸라지 전골 코마가타 (駒形)

코마가타 도죠오 아사쿠사본점 내부

　　우리나라의 경우도 각 지방마다 미꾸라지 가공 방식과 사용하는 육수, 부재료의 차이에 따라 다양한 특색이 있는 걸 보면, 미꾸라지가 우리에게 참 친숙한 식재료인 것 같다. 가끔 고소한 '추어탕'에 다진 마늘과 다진 고추, 산초 가루를 듬뿍 넣어 먹고 싶을 때가 있지만, 웬만한 한국 음식은 모두 접할 수 있는 도쿄 오오쿠보의 코리안 타운에서조차도 제대로 된 '추어탕'을 먹을 수 없어 늘 아쉬운 생각이다.

　　또한 일본에서도 상당히 오래 전부터 미꾸라지 요리를 즐겨왔던 것으로 추정된다. 현재 '미꾸라지'가 소개되는 것으로 가장 오래된 문헌은 14세기다. 도쿄에서는 미꾸라지 요리를 18세기 이후부터 서민들이 즐겨 먹게 되었으며, 값싸고 영양이 뛰어난 스태미나 음식으로 인기 있었다고 한다. 그러나 육식 문화가 발달한 오늘날에는 몇몇 오래된 장어 전문점에서나 맛볼 수 있는 특별한 음식이 되어버렸다. 대표적인 미꾸라지 요리로는 '도죠오나베'가 있다. 간장 베이스의 국물과 미리 통째로 익혀 놓은 미꾸라지를 밑이 얕은 작은 냄비에 넣어 숯불에 올려 데워 먹는 요리로, 옛날 사람들은 이 도죠오나베 국물로 밥 한 공기를 단숨에 먹어 치웠다고 한다. 취향에 따라 얇게 썬 우엉과 파를 올려 살짝 익혀 같이 먹기도 하는데, 파와 미꾸라지의 궁합이 좋아 풍미가 한결 높아진다. 파는 무한리필이라 얼마든지 올려 먹어도 된다. 국물을 리필해서 파를 익혀 먹으면 제법 맛이 나 간혹 이 파로만 안주 삼아서 사케를 마시는 사람도 있다고 한다.

도죠오나베 どぜうなべ

국물이 끓기 시작하면 우엉과 파를 올린다.

파는 무한리필

야나가와나베

미꾸라지의 리얼한 형태에 거부감을 느낀다면, '야나가와나베'를 추천한다. 한 마리 한 마리 손질하여 펼친 미꾸라지를 냄비에 올려 조리하다가 마지막에 계란을 풀어 조려낸 요리이다. 머리는 손질하고 펼쳤기 때문에 미꾸라지의 본래 형태는 잘 알 수 없고, 더욱이 계란으로 덮여 있어 시각적 이질감은 더욱 완화된다. 미꾸라지 본연의 맛과 계란이 어우러져 한결 짙은 감칠맛이 느껴진다.

소개메뉴

사케 1홉(180ml) ···················· 900엔~ | 도죠오나베 どぜうなべ※ ········· 2,600엔

야나가와나베 柳川なべ ············ 2,700엔 | 얇게 썬 우엉 ささがきごぼう ······ 550엔

※ 〔どぜう〕는 〔どじょう〕의 옛날 표기이며 〔도죠오〕라고 읽습니다.

점포안내

점포명	코마가타 도죠오 아사쿠사본점 駒形どぜう浅草本店
주소	東京都台東区駒形 1-7-12
TEL	+81 3-3842-4001
영업시간	11:00~20:30
정기휴일	연중무휴(※부정기 휴무)
평균예산(1인)	4000엔~5000엔
참고 URL	https://tabelog.com/kr/tokyo/A1311/A131102/13003684/

※ 메뉴와 가격은 2023년 6월 현재 기준입니다. 메뉴와 가격은 변동될 수 있다는 점을 양해해 주시기 바랍니다.

점포안내

구글지도

창업 1860년
소바 오와리야 본점(尾張屋本店)

20cm 정도의 거대한 새우텐푸라를 올린 텐푸라소바

여름이 한창인 8월 중순의 어느 토요일. 큼직한 새우 텐푸라 2마리가 올려진 텐푸라소바 사진을 이리 찍고 요리 찍고 나서, 가까스로 젓가락을 집어 먹으려고 할 때, 옆 테이블의 노부부가 조심스레 말을 걸어왔다. "음식 사진을 인터넷에 올리시나 보네요?" 문득, '음식 사진을 찍는데 몰입하여 방해를 한 걸까?'하는 생각에 "아, 죄송합니다."라고 말하자, "아니오, 그런 뜻이 아니라 그냥 신기해서 물어본 것뿐입니다. 컴퓨터를 잘 모르는 세대라 젊은 사람들이 하는 걸 보면 재미있어 보이기도 하고 부럽다는 생각이 들어서요."

그 날 대화를 나눈 노부부는 1년에 2~3번 정도 아사쿠사(浅草)를 찾아오는데 항상 '오와리야 본점(尾張屋本店)'에 들른다고 한다. 젊었을 때는 우선 자리에 앉아서 병맥주를 주문하여 목을 축인 후, 새우텐푸라를 올린 죠텐동(上天丼 튀김덮밥)을 먹고, 마지막으로 세이로(せいろ)소바까지 먹었다고 한다. '맥주 → 죠텐동 → 세이로소바'를 코스처럼 먹는 것이 오와리야에 단골의 특징이라고 한다. 지금은 예전만큼 식욕이 없어서 소바만 먹고 가지만, 다른 식구들과 같이 오게 되면 죠텐동을 같이 나누어 먹는게 아사쿠사를 찾는 즐거움이라고 말했다. 식사를 끝내고 자리에서 일어나시며 초면에 너무 많이 말을 걸어 미안하다 하셨는데, 오히려 나는 좋은 정보를 듣게 되어 행운이라 생각했다.

오와리야는 소바 전문점임에도 불구하고 사이드 메뉴인 죠텐동/텐동이 상당히 인기가 높다. 튀김덮밥이 부담스러운 사람은 텐푸라소바로 먹을 수도 있고, 세이로 소바에 새우텐푸라를 추가해서 먹을 수도 있다. 독자적으로 구입한 참기름으로 튀기기 때문에 향과 맛이 짙어 텐푸라 전문점 못지 않은 맛을 자랑한다.

더운 여름철이면 얼음물에 소면을 담아 내주는 히야시소멘(冷やしそうめん)도 일품이다. 체온을 급격하게 떨어뜨려 주기 때문에 냉방에어컨이 필요 없다. 얼음물 덕분에 면이 불지도 않으며 탄력 있고 매끈한 소면의 식감이 입을 즐겁게 해 준다. 흐르는 물에 소면을 흘려 내려서 먹는 나가시소멘(流しそうめん)도 여름철의 별미이지만, 땡볕에 줄지어 먹는 것보다 이제는 얼음물에 담은 소면이 더 나은 것 같다.

 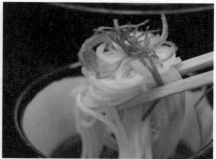

소개메뉴

텐푸라소바 天ぷらそば ······························· 1,700엔 | 죠텐동 上天丼(車エビ) ····· 3,300엔

히야시소멘(여름 한정) 冷やしそうめん ··· 1,000엔

점포안내

점포명	오와리야 본점　尾張屋本店
주소	東京都台東区浅草 1-7-1
TEL	+81 3-3845-4500
영업시간	11:30~20:30
정기휴일	금요일(※변경될 경우도 있음)
평균예산(1인)	1,000엔~3,000엔
주의	신용카드 사용불가
참고 URL	https://tabelog.com/kr/tokyo/A1311/A131102/13003714/

※ 메뉴와 가격은 2023년 6월 현재 기준입니다. 메뉴와 가격은 변동될 수 있다는 점을
양해해 주시기 바랍니다.

점포안내

구글지도

창업 1886년
스끼야끼 요네큐혼텡(米久本店)

2023년 1월 13일 오후의 아사쿠사. 대부분의 사람들이 얼굴에 마스크를 쓰고 있다는 점만 빼면 이전과 딱히 다르지 않은 풍경이다. 카미나리몽(雷門) 앞에는 기념 사진을 찍는 사람들로 인산인해. 도로 곁에 줄지어 세워져 있는 인력거와 손님을 끌기 위해 여념이 없는 인부들의 표정이 아주 밝아 보인다. 각종 기념품과 군것질거리가 늘어선 상점거리는 앞으로 나아가기가 힘들다. 센소지(浅草寺)의 본당 앞에도 기도를 올리기 위해 어림잡아 300여 명 정도가 계단 아래까지 줄을 지어 있다.

최근 아사쿠사는 이른바 전통적이고 옛스러운 분위기에서 벗어나, MZ 세대가 선호하는 새로운 스타일의 가게들이 늘어나고 있는 것 같다. 불과 1 평 정도의 공간을 가진 테이크 아웃 전문 삼각주먹밥 가게. 크레이프 전문점. 오사카에서 진출한 타코야끼 가게의 튀김 만쥬. 후쿠오카의 붕어빵. 컬러풀한 색감으로 예쁘고 귀엽게 포장한 우메보시 전문점 등등. 골목길을 지나다보면, 가게마다 차례를 기다리는 손님의 긴 행렬을 볼 수 있다. 추위가 물러나고 날씨가 따뜻해지면, 지금보다 더 많은 사람들이 찾아올 것을 상상해 본다. 새로운 것과 오래된 것이 원활하고 원만하게 공존하고 있다는 것이 아사쿠사의 매력일 것이다. 억지로 탈바꿈하려고 몸부림 치지 않고, 새로운 물결이 외부에서 흘러 들어오는 것을 거부하지 않는 포용력이 있어 보인다.

점심시간을 조금 피해서 1시 30분쯤에 요네큐혼텡(米久本店) 앞에 도착해 보니, 20명 정도의 긴 줄이 있었다. 가게 오픈이 정오라서 아직 첫 손님이 다 빠지지 않은 모양이었다. 줄을 서서 10분 정도 기다리다 보니, 안에서 손님들이 차례차례 나오기 시작했고 곧이어 자리에 안내를 받았다. 1886년 창업의 노포라는 명성도 있지만, 유명 브랜드로 자리 잡아 널리 알려져 있는 고급 스끼야끼 체인점보다도 비교적 저렴한 가격(그렇다고 싸지는 않다)에 즐길 수 있기 때문에 인기가 높다.

실내에 들어서면 신발을 보관해 주는 전문 담당 '게소쿠방(下足番)'이 있는 데 신발을 보관하고 번호표를 건네 준다. 에도시대 당시의 에도(지금의 도쿄)에는 복잡한 지형과 밀집된 주거환경 때문에 화재가 빈번하게 발생하여 집과 가재도구를 소실하는 경우가 허다했다고 한다. 때문에 화재가 나면 몸에 걸치고 뛰쳐나올 수  있는 '기모노(着物, 옷)'와 '게소쿠(下足, 신발)'에는 금전을 아끼지 않고 비싼 것을 선호했고 그런 연유로 에도에서는 신발을 관리하는 게소쿠방의 존재가 가게에서 필수였다고 한다. 게소쿠방 시스템 때문에 가게에는 한 가지 좋은 이점이 있는데, 무전 취식을 하고 도망갈 수 없다는 것이다. 처음부터 작정하고 일부러 싸구려 신발을 맡긴다면 어찌할 수 없겠지만, 기본적으로 음식값을 계산하지 않으면 신발을 돌려받을 수 없게 되어 있다.

오른쪽에 주방이 있고 그 앞에 2층으로 올라가는 계단이 있는데 상당한 연식을 자아내고 있다. 1층 중앙은 자시키(座敷, 다다미방), 왼쪽에는 양반다리로 앉기 불편한 사람을 위한 테이블이 있다. 오래된 노포라고 다 양반다리로만 앉게 되

어 있는 것은 아니다. 오늘날에는 일본 사람들도 정좌나 양반다리를 불편해하는 경우도 더러 있으며, 테이블을 보다 많이 선호한다.

스끼야끼인 규노나베(牛の鍋)는 소고기, 야채, 생계란이 세트로 된 죠(上)와 토쿠(トク)가 있으며 각각 추가로 별도 주문이 가능하다. 밥, 미소시루, 야채절임도 별도로 주문하도록 되어 있다. 스끼야끼를 어떻게 구워야 하는지 잘 모르는 초심자를 위해 맨 처음에는 직원이 직접 고기를 구워준다. 그리고, 어떻게 먹고, 어떻게 굽는지 따위를 설명해 준다. 외국인 관광객이 많은 덕분인지 직원들이 알기 쉬운 영어로 익숙하고 능수능란하게 먹는 방법을 알려준다. 썩 친절하지는 않지만, 재빠르고 싹싹한 인상이다.

찾아 가기 전에 인터넷 댓글을 검색해 보니, 죠세트도 훌륭하지만, 토쿠를 추천하는 댓글이 압도적이었다. 630엔 차이지만, 역시 만족감이 다르다는 것이었는데, 나도 한 입에 동감했다. 계란 노른자의 고소함과 간장소스의 짭조름한 맛이 절묘한 조화를 이루며 입 안으로 퍼지는 가운데 고기의 표면이 혀 위를 스르르 미끄러지듯 녹아 사라지는 느낌이다. 저작운동의 필요성을 잠시 잊게 해 준다. 간장과 설탕을 조금씩 넣어가며 맛을 조절하는 간사이(関西)스타일과 달리, 간장, 설탕, 미림 등을 혼합해 미리 만들어 둔 와리시타(割り下)로 간을 조절하는 것이 간토(関東)스타일인데, 간이 짜지지 않도록 별도로 다싯물 주전자가 준비되어 있다. 와리시타와 다싯물을 조금씩 교차로 넣으면서 재료를 하나 하나 맛보는 재미가 스끼야끼의 묘미일 것이다. 메뉴의 사케는 인근 노포들과 마찬가지로 종류가 단순하다. 키쿠마사무네(菊政宗). 고민할 것 없이 아쯔캉으로 부탁했다. 사시사철 아쯔캉을 즐겨 마시는 편이지만, 역시 겨울에 마시는 아쯔캉은 그 맛이 좀 더 각별하게 느껴지는 것 같다.

신용카드로 결제를 할 수 없다는 것을 주의하시기 바란다. 낭패를 본 관광객이 많은지 입구에 당당하게 'CASH ONLY'가 붙어 있고, 곳곳에 신용카드 결제를 하지 않는다는 안내가 적혀 있다. 비단, 노포뿐만 아니라 아직 일본에는 신용카드나 전자 결제를 할 수 없는 가게가 많이 남아 있기 때문에 찾아 가는 맛집에 신용카드 결제가 되는 지는 사전에 충분히 알아보고 가야 할 필요가 있다.

소개메뉴

죠노규나베 上の牛鍋 ············· 3,160엔	토구노규나베 トクの牛鍋 ············ 3,790엔
사케 酒(菊政宗正一合瓶) ··········· 510엔		

점포안내

점포명	요네큐혼텐 米久本店
주소	東京都台東区浅草 2-17-10
TEL	+81 3-3841-6416
영업시간	12:00~21:00
정기휴일	수요일
평균예산(1인)	런치 4,000엔~5,000엔	디너 6,000엔~8,000엔
주의	신용카드 사용불가
참고 URL	https://tabelog.com/kr/tokyo/A1311/A131102/13003667/

※ 메뉴와 가격은 2023년 6월 현재 기준입니다. 메뉴와 가격은 변동될 수 있다는 점을 양해해 주시기 바랍니다.

점포안내

구글지도

2007년 경부터 4년 내내 매주 한 번 이상은 점심으로 함박스테이크를 먹었다. 세상에서 가장 좋아하는 음식이었기 때문이 아니다. 사무실을 나와 1분이면 도착하는 거리에 함박스테이크 전문점이 있었기 때문이다.

사무실이 있던 건물 1층을 나서면 아마 열 발작도 안 되었지 싶다. 비가 오면 멀리 가기 귀찮아서, 뭐 먹을까 고민하기 귀찮아서, 바빠서 빨리 먹고 돌아 가자고...등등, 이 핑계 저 핑계로 자주 먹었다. 알고 봤더니 이 집이 상당히 유명한 맛집이었다. 아사쿠사(浅草)에 본점을 두고 있지만, 모리시타(森下)점의 함박스테이크가 더 맛있다는 손님이 있을 정도였다.

문득 함박스테이크가 먹고 싶어질 때가 있는데 사무실 근처나 주거지 인근에서 먹는 함박스테이크는 무언가 맛이 부족한 느낌이 들어 계속 예전의 그 집이 생각났다. 말고기 전문점 '미노야(みの家)'를 갔을 때 들러 보니 가게는 아직 있는데 일손이 부족해서 휴업 중이라는 안내문이 문 앞에 붙어있는 것을 보았다 (2023

년 3월 기준 영업중). 세븐일레븐, 패밀리 마트 같은 편의점도 아르바이트 일손이 부족하여 24시간 영업을 검토한다는 뉴스가 한 동안 떠들썩했던 것이 기억난다. 최근, 사무실 인근 아르바이트 모집에 시급 1,100엔을 보면서, 취업 빙하기, 디플레이션이라는 말을 일상적으로 들어왔던 것이 불과 몇 년 전인데, 변화를 절실히 느낀다.

아사쿠사의 카미나리몽(雷門) 주변의 업소들은 가게 문만 여는 것만으로도 연일 관광객이 물 밀듯이 찾아온다. 적당히 맛있게 먹을 수 있고 특히, SNS 에 올릴 수 있는 소위 '사진빨' 잘 받는 세트 메뉴만 고루 갖추고 있으면 장사에 아무런 지장이 없다고 해도 과언은 아닐 것이다. 카미나리몽을 정면으로 한 번 보고 왼쪽으로 도로를 따라 100여 미터 가면 가게 앞에 제법 많은 외국인 관광객이 줄지어 서 있는 것이 보인다. 대표이사가 간판 중앙에서 참치를 손질하

는 장면이 있는 유명 스시 체인점이다. 이 가게를 지나고 나면 관광객이 줄지어 서 있는 가게는 없다. 역시, 가게가 잘 되려면 위치가 중요하다는 것을 느끼게 해 주는 듯하지만, 잠시 후 가게 앞에 제법 많은 사람이 삼삼오오 무리 지어 서 있는 장면을 목격할 수 있다. 좀 전의 관광객들과는 달리 현지 일본인들이다. 일본의 잡지를 비롯해 TV의 맛집 방송에도 종종 나오기 때문에 지방에서 일부러 찾아온 사람도 많다고 한다. 가게 앞에 구비된 대기자 명단에 이름과 사람수를 적고 기다리

면 호출해 주기 때문에 일부러 줄 서 있지 않아서 좋다. 가게 정문의 왼쪽에 메뉴를 시각적으로 알 수 있는 쇼윈도가 있지만, 색깔이 바래고 조금 구석진 곳이어서 잘 눈에 뜨이지 않고 외국 관광객이 혹여 유심히 보게 되더라도 관심을 가질 만큼의 시각적 자극을 주기에는 턱없이 부족한 조형물이다. 점심 시간대이면 가게 앞에 평균 10명 이상의 손님이 대기하고 있지만, 좌석도 65개석이 있기 때문에 회전율이 빨라 그다지 오래 기다리지는 않는다.

함박스테이크 메뉴

▌소스의 종류

일본어	발음		뜻
フランス風	흐랑스후	프랑스식	데미글라스 소스
オランダ風	오란다후	네델란드식	농후한 치즈 소스
ロシア風	로시아후	러시아식	브라운 소스
和風	와후	일본식	갈은 양파와 간장 소스
メキシコ風	메키시코후	멕시코식	매운 토마토 소스
イタリア風	이타리아후	이탈리아식	매운 토마토 + 치즈 소스

가게 안으로 들어서면 테이블이나 인테리어가 제법 낡아서 연륜이 있음을 금세 느낄 수 있다. 구석구석 청소는 깔끔하게 되어 있어서 청결하지만 유명함을 자랑하기 위한 유명인 싸인이 사방 벽을 도배를 하고 있어서 좀 어수선한 느낌은 든다.

함박스테이크 이외의 메뉴도 있지만, 모든 테이블과 좌석의 손님들이 오로지 함박스테이크만 먹고 있는 것을 한 눈에 알 수 있다. 제각각 소스가 다를 뿐이다.

비쥬얼뿐만 아니라 맛도 오랜만에 충분한 만족감을 느낄 수 있었다. 4년간 늘 질리지 않고 맛있게 먹었던 그 맛이다. 몽브랑의 함박스테이크에는 스파게티 면이 곁들어져 나오는 것이 특징이다. 함박스테이크를 먼저 다 먹고 남은 여분의 소스에 면을 비비면 즉석 스파게티가 되고, 도중에 함박스테이크를 조금씩 으깨어 먹으면 미트 스파게티가 된다. 그리고 보니, 스파게티 면을 같이 내어주는 곳은 아무리 되새겨 보아도 여기 밖에 생각이 나지 않는다. 유일하다고 단언할 만큼의 자신은 없지만, 적어도 내가 경험한 곳 중에서는 독보적인 것 같다. 나는 늘 프랑스식이나 일본식, 러시아식만 먹어왔는데 이 날 유난히도 네델란드식의 농후한 치즈 소스가 눈에 뜨여서 다음에는 꼭 네델란드식으로 먹어보고 싶어 졌다.

소개메뉴

생맥주 生ビール ················528엔 │ 함박스테이크 ハンバーグステーキ ··········· 1,000엔

샐러드 세트(샐러드, 밥, 미소시루, 오싱코) サラダセット ······································ 540엔

런치 메뉴(함박스테이트＋샐러드 세트) ランチメニュー ·· 1,100엔

점포안내

점포명	몽브랑 モンブラン
주소	東京都台東区浅草 1-8-6 ファミール浅草ビル 1F
TEL	＋81 50-5869-7202
영업시간	11:00~21:30
정기휴일	수요일(축일인 경우는 목요일)
평균예산(1인)	1,000엔~3,000엔
참고 URL	https://tabelog.com/kr/tokyo/A1311/A131102/13009804/

※ 메뉴와 가격은 2023년 6월 현재 기준입니다. 메뉴와 가격은 변동될 수 있다는
   점을 양해해 주시기 바랍니다.

점포안내   구글지도

창업 1954년
삼각김밥 아사쿠사야도로쿠(浅草宿六)

　　내가 경기도 안산에서 거주하면서 서울로 직장을 다니던 20세기 말. 지하철 4호선 명동역 6번 출구를 나와서 가게 셔터가 내려져 있는 수많은 명동의 상점가를 가로질러 을지로역 앞을 지날 무렵 종종 허기를 느낄 때가 있었다. 자취를 하던 20대 중반에 아침 식사를 제대로 챙겨 먹는 습관이 없었다. 늘 먹지 않기도 했지만, 당시는 먹는 절대량이 지금의 반도 되지 않았던 것 같다. 을지로역 7번 출구 계단 앞에 김밥과 토스트를 파는 포장마차가 있었는데, 수북이 쌓아 놓은 김밥의 먹음직한 자태에 홀려 허기를 느끼게 되면, 발을 멈추고 김밥을 사서 먹었다. 속이라고는 단무지, 채 썰어 볶은 당근, 시금치가 전부였지만, 깨소금과 참기름으로 맛이 얼버무려져 있어서 맛나게 먹었던 기억이 있다. 아주 편리했던 것은 크기가 작았기 때문에 비닐 봉지에 담아 회사까지 걸어가는 동안에 먹어 치울 수 있었다는 것이다. 머지않아 21세기를 맞이하려는 그때만 해도 편의점에는 '삼각김밥'이라는 게 없었다. 편의점에서 구할 수 있는 간단한 요기거리로는 빵, 샌드위치, 컵 라면과 동원에서 나온 것으로 기억하는 캔에 담은 죽 정도였고, 아직 햇반은 등장하지 않았던 때이다.

내가 처음으로 삼각김밥을 먹은 것은 일본에 와서 편의점에서 사 먹었던 '오니기리(おにぎり)'였다. 편의점의 전용코너에 10여 종류 정도가 가지런히 진열되어 있고, 비닐로 포장지의 앞면에는 속에 들어가 있는 재료가 무엇인지 알 수 있도록 사진이 있어서 고르기도 편리했다. 가운데 점선 부분을 당긴 뒤, 양쪽으로 비닐껍질을 차례차례 당기면, 누구나 손쉽게 김이 완벽한 삼각형으로 말리는 삼각김밥을 언제 어디서나 원할 때, 간

편하게 즐길 수 있는 식사였다. 일본에 와서 십 수년간 오니기리는 편의점에서 간편하게 사 먹는 요기거리라는 인식이 있어서 음식으로서 충분한 가치를 느끼지 못해 왔었다. 때때로 일본 사람들로부터 고향에서 어머니가 만들어 주시던 '오니기리'의 맛이 그립다거나 가장 좋아하는 음식으로 오니기리를 꼽는 경우를 접할 때는 조금 이해하기 어려운 점이 있었다. 왜냐하면, 나에게 오니기리는 편의점에서 구하는 간편한 요기거리에 불과했기 때문이었다. 내가 오니기리의 진수를 알게 된 것은 불과 4~5년 전 정도 밖에 되지 않는다.

니가타현(新潟県)의 아주 먼 시골에서 먹은 오니기리 덕분에 그때까지의 인식에서 벗어나, 오니기리를 하나의 완벽한 요리로서 인식할 수 있게 되었다. 속 재료도 없고, 심지어 겉 부분에 '김'조차 없었다. 맛을 내어주는 것은 가마솥에 갓 지은 밥과 겉 부분에 바르는 약간의 소금, 장식 정도로 깨소금이 뿌려져 있는 아주 심플한 것이다. 접시에 담겨 진 모습은 새 하얀 밥알이 가지런히 예쁘게 삼각형으로 뭉쳐져 있다는 인상이었지만, 한 입 맛을 보는 순간 정말 놀라움을 금치 못했다. 사케를 마시며, 이른바 카이세키(会席)요리라고 칭하는 갖가지의 안주를 모두 먹어 치워 제법 배도 부르고 심지어 졸리기도 시작하는 때였지만, 오니기리의 맛에 자극을 받아 입 속의 모든 미각 세포가 활성화되어 다시 깨어나는 듯한 느낌을 받았다.

오니기리를 먹으며 조심스레 사케를 마셔보니, 쌀밥의 고소함과 옅은 소금의 짭조름함, 사케의 우마미가 아주 잘 어우러지는 것이 아닌가. 그제서야 오니기리의 진정한 깊은 맛을 이해하고 알 수 있게 된 것 같았다. 어머니가 만들어 주신 게 그립다거나, 가장 좋아하는 음식이라고 답했던 그 사람들의 마음을.

　'오니기리 야도로쿠(おにぎり 宿六)'가 아주 유명해진 것은 불과 4~5년 사이이다. 미슐랭 2019에서 빕구르망(낮은 가격 대비 훌륭한 식사를 내는 곳)으로 선정되면서 노란 머리에 파란빛의 눈동자를 가진 사람들까지 찾아오게 되었다. 예전에는 자리를 미리 예약을 할 수도 있었지만, 지금은 자리 예약은 안 된다고 한다. 단, 오니기리의 종류와 수량을 정하고 언제(영업시간내) 받으러 가겠다는 이른바 포장예약은 가능하다.

　가게 이름인 '야도로쿠(宿六)'의 원래 의미는 일자리가 없어서 일은 하지 않고 집에서 빈둥거리는 '남편'을 빈정거리며 칭하는 말이다. 굳이 우리말로 번역하면 '백수 남편'. 야도로쿠는 창업 당시 할아버지가 일을 하지 않고 집에서 빈둥거리고 있었기 때문에, 생계를 위해 할머니가 비교적 손 쉽게 장사를 할 수 있는 오니기리 가게를 차린 것이 시작이라고 한다.

　매스컴 취재를 많이 받은 3대 점주가 영업하는 점심시간(11시 30분~밥이 떨어질 때까지)을 노리는 사람들이 많기 때문에 주말이나 공휴일의 점심 시간에 가게에 앉아서 먹으려면 아침 8시쯤부터는 줄을 서야할 정도가 되어 버렸다. 이전에는 가게 문을 열기도 전에 가볍게 50명쯤 줄을 서 있는 광경을 볼 수 있었는데 최근에는 12시에 가도 줄 서 있는 사람이 없다. '앗싸, 재수'라고 생각할 수 있

지만, 착각이다. 미리 줄을 선 순번대로 이름을 적고 대략의 시간을 지정하여 다시 오는 시스템으로 바꾸었다. 정해진 시간까지 카페에서 쉬거나, 아사쿠사 관광을 하거나 해서 시간을 보낼 수 있어서 좋다고 한다. 점심시간은 대부분 가게의 자리에 앉는 것 보다 테이크 아웃으로 가져가 인근 공원 등에서 소풍 나온 것처럼 야외에서 먹는 경우가 많아졌다고 한다. 가게에 앉기 위해 기다려야 되는 시간을 줄이는 현명한 선택이라고 생각한다.

저녁시간은 2대 점주(3대의 어머니)가 영업을 한다. 3대 점주에 비해 손님이 적을 거라는 기대는 하지 마시라. 점심 못지는 않지만 제법 줄을 선다. 점심과 달리 대부분 가게에 앉아서 먹기를 희망하는 사람들이 대부분이다. 시간을 정하지도 않기 때문에 그냥 줄 서서 기다리는 시스템이다.

가게 안을 들어서면 약간의 파스텔톤 조명으로 따뜻하고 아늑함이 느껴지는 분위기이다. 조리를 하는 벽면에서 유리 진열장을 경계로 카운터에 7명이 앉을 수 있으며, 왼쪽으로 4명이 앉는 테이블이 3개 있다. 앉은 순서대로 주문을 받고 만들어 준다. 차례차례로 이어지기 때문에 자리에 앉아서 순서를 기다려야하는 시간도 제법 된다. 모두가 자기 차례를 기다리며 앞서 주문한 사람들이 맛있게 먹

카운터 자리에서는 만들어서 바로 손으로 건네 준다.

는 모습을 어쩔 수 없이 경건하게 지켜보게 된다. 10평도 채 되지 않는 좁은 공간에 십수명이 있지만, 실내는 아주 조용하다. 평상시의 톤으로 '하토가라시(葉唐辛子, 고추잎)와 샤케(しゃけ, 연어) 주세요'라고 주문하는 자신의 목소리가 실내 전체에 가득히 울릴 정도다. 누가 조용히 해 달라고 양해를 구한 것도 아닌데, 모두가 목 소리를 낮추어 대화를 나눈다. 때문에 단무지를 씹는 소리조차도 유난히 크게 들리고 미소시루를 마시는 '후루룩'하는 소리조차 크게 느껴진다.

　야도로쿠가 창업했을 당시만 해도 오니기리를 팔면서 술도 같이 내어주는 가게가 흔히 있었다고 한다. 세월이 지나며 가게가 하나 둘 없어져 지금은 도쿄에서 가장 오래된 오니기리 가게가 되었고, 술을 내어주지 않는 가게가 많아졌지만, 이 곳은 옛날 그대로 술도 내어준다. 제대로 안주를 갖춘 이자까야가 아니기 때문에 여러 종류는 없지만, 반주로 한 잔 하기에 적당한 술을 아주 잘 골라 놓은 듯하다. 대부분의 손님들은 모두 묵묵히 오니기리와 미소시루 또는 따뜻한 오챠(お茶)만 마시고 있었다. 몇몇의 손님이 때때로 사케를 홀짝홀짝 맛나게 마시는 나를 흘깃흘깃 보는 것이 아닌가. 아마 궁금했을 거라고 생각한다. 과연 어떤 맛일까?

이쿠라(연어알) 오니기리와 사케

에둘러 표현할 필요가 없다. '기가 막히게 맛있다'. 배가 불러진다는 물리적인 현상이 없다면 한없이 먹을 수 있을 것 같고, 쌀밥이 새삼 이리도 맛있는 먹거리라는 것을 느낀다.

오니기리 메뉴

▌오니기리 가격과 메뉴

가격 단위:엔(円)/소비세 별도

가격	메뉴명		간단설명
297	葉唐辛子	하토가라시	절인 고춧잎(간장 절임)
	おかか	오카카	가츠오부시
	しらす	시라스	말린 실치
	紅生姜	베니쇼오가	매실식초에 저린 생강으로 붉은색이 남
	山牛蒡	야마고보오	우엉과 비슷한 근채류(간장 절임)
	塩柴漬	시오시소즈케	시소(자소)열매와 잘게 썬 오이를 소금에 절인 것
	風味漬	후미즈케	와사비 절임
	奈良漬	나라즈케	야채를 소금에 절인 뒤, 술찌게미에 다시 절인 '나라(奈良)'지역의 전통적인 야채절임
	福神漬	후쿠신즈케	무, 가지, 연근, 오이 등 7개 종류의 야채류를 소금에 절였다 소금기를 뺀 후 간장과 설탕, 미림으로 만든 조미액에 절인 것
	生姜味噌漬	쇼오가 미소즈케	생강을 미소에 절인 것
	あみ	아미	작은 새우(간장맛)
319	梅干し	우메보시	소금에 절인 매실
	鮭	샤케	연어
	こんぶ	콘부	절인 다시마(간장 절임)

352	たらこ	타라코	대구의 정소(알)
	塩辛	시오카라	오징어젓
374	お味噌汁	오미소시루	일본 된장국. 미역, 나메코 버섯, 2종류중 선택
748	いくら	이쿠라	연어 알

소개메뉴

사케 1홉(180ml) ····················· 600엔~ │ 오니기리 おにぎり ····················· 297엔~

점포안내

점포명	오니기리 아사쿠사 야도로쿠 おにぎり浅草宿六
주소	東京都 台東区 浅草 3-9-10
TEL	+81-3-3874-1615
영업시간	런치 11:30~(밥이 떨어질 때까지) │ 디너 17:00~(밥이 떨어질 때까지)
정기휴일	런치-일요일 │ 디너-화요일, 수요일, 일요일
평균예산(1인)	1,000엔~2,000엔
주의	신용카드 사용불가
참고 URL	https://tabelog.com/kr/tokyo/A1311/A131102/13024859/

※ 메뉴와 가격은 2023년 6월 현재 기준입니다. 메뉴와 가격은 변동될 수 있다는 점을 양
  해해 주시기 바랍니다.

점포안내

구글지도

창업 1963년
복 요리 미우라야(三浦屋)

    1963년 창업한 '미우라야(三浦屋)'는 지역 주민들도 즐겨 찾는 '후구(ふ
ぐ:복) 전문점이다. 점심시간이 지난 토요일 오후에도 예약 손님으로 만석일 경
우가 많다고 한다. 입구를 들어서면 오른쪽에 계산 카운터가 있고 그 옆에 2층으
로 올라가는 계단이 있다. 2층은 테이블 전용석이며, 3층은 방석을 깔고 앉는 일본
전통의 '자시끼(座敷)'다. '미우라야(三浦屋)'가 인기가 많은 것은 최고급 요리인
'복'을 상당히 착한 가격에 맛볼 수 있기 때문이다. 복 사시미는 1인분 2,530엔부
터 주문할 수 있으며, 전골도 1인분 2,530엔부터 주문할 수 있다. 1인분의 표기이
지만, 두 사람이 먹어도 결코 적지 않은 양이기 때문에 두 사람이 2인분을 시키면,
배불리 먹을 수 있다. 그 밖에 '복 껍질'은 물론 '복 갈비', '복 수육' 등도 단품으로
시킬 수 있어서 다양한 맛을 볼 수 있다. 탱글탱글, 야들야들한 살 덩어리를 다 먹
고, 뼈까지 '쪽쪽' 빨게 한다.
    복 전문점에서 즐겨야 하는 '사케'가 있다면, 그건 바로 '히레자케(ひれ酒)'

일 것이다. 뚜껑이 씌워져 다운 잔 속에는 '데운 사케'와 구운 '복 지느러미'가 들어 있다. 종업원이 우선 잔을 내려 놓고, 그 옆에 성냥을 내려 놓고 간다. 성냥불을 켜서 사케 잔의 뚜껑을 열어 가까이 가져 가면, 잔 위에 있던 기체 알코올에 불이 붙어 순간 깜짝 놀라게 되는데 이것은 단순히 시각적인 쇼를 연출하는 것이 아니라, '히레자케(ひれ酒)'의 비린 내음을 제거해 주는 효과가 있는 것 같다. 아주 소량이지만 알코올도 기화되었기 때문에 혀 끝에 닿는 느낌도 상당히 부드러워진다. 사케가 복을 부르는지, 복이 사케를 부르는 지 모를 정도로 맛있다.

소개메뉴

사케 1홉(180ml) ······················· 660엔~	복회 ふぐさし ······················· 2,530엔~
복지리 ふぐちり ······················· 2,530엔~	

점포안내

점포명	미우라야 三浦屋
주소	東京都台東区浅草 2-19-9
TEL	+81 3-3841-3151
영업시간	2:00 ~21:00(휴식 15:00~17:00)
정기휴일	1월~3월 매주 목요일 │ 4~7월 매주 수요일, 목요일
	8월 1개월간 휴무 │ 9월~10월 매주 수요일, 목요일
	11월~12월 매주 목요일 │ 연말연시(일정은 매년 변경)
평균예산(1인)	런치 4,000엔~5,000엔 │ 디너 8,000엔~10,000엔
참고 URL	https://tabelog.com/kr/tokyo/A1311/A131102/13003657/

※ 메뉴와 가격은 2023년 6월 현재 기준입니다.
메뉴와 가격은 변동될 수 있다는 점을
양해해 주시기 바랍니다.

점포안내 구글지도

자료참조

- 「일본에 사케 마시러 가자」 김성수 J&jj 출판사
2018년 4월 10일 349p~356p

간단 '사케 기초' ①
100가지 넘게 있는 사케 전용 쌀

고급 사케는 전용 쌀로 빚는다.

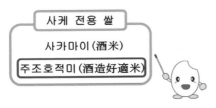

사케 전용 쌀

사카마이 (酒米)

주조호적미 (酒造好適米)

염가의 사케와 달리 고급 사케는 저마다 전용 쌀로 빚는다. 사케를 빚는데 적정한 성질을 가진 쌀을 '사카마이(酒米)'라고 부르며, 그 중에서 특히 우수한 특성이 있는 쌀을 '주조호적미(酒造好適米)'라고 부른다. 이 쌀은 우리가 일상에서 밥으로 먹는 멥쌀과 다른 특징이 있으며, 그 종류도 다양하다.

※ 밥을 지어먹는 멥쌀 중에도 사케를 빚는데 적정한 쌀이 있다.

주조호적미의 주요 특징

● 쌀 톨이 크고, 심백(心拍)의 발현율(発現率)이 높은 것.

※ 심백 : 쌀 중심부의 하얀 전분 덩어리

● 사케의 향미를 떨어뜨리는 단백질과 지방 성분이 적은 것.

● 사케를 빚기 용이하도록 수분 흡수성이 좋은 것.

주조호적미 대표 품종

대표 쌀의 품종	대표 생산지역	대표적인 사케
야마다니시끼 (山田錦)	효고현 (兵庫県)	닷사이 (獺祭)
고햐쿠만고쿠 (五百万石)	니가타현 (新潟県)	쿠보타 만쥬 (久保田 萬寿)
미야마니시끼 (美山錦)	나가노현 (長野県)	마스미 (真澄)
오마치 (雄町)	오카야마현 (岡山県)	타마노히까리 (玉乃光)

주조호적미는 일본 전국에 대략 100여종 이상이 있으며, 4종류의 주조호적미가 인기가 높다. 그 중에서 야마다니시끼(山田錦)와 고햐쿠만고쿠(五百万石)라는 품종의 주조호적미가 사카마이 전체 재배면적의 60%를 차지한다. 2001년경에는 고햐쿠만고쿠가 재배면적에서 톱을 이었지만, 최근에는 야마다니시끼가 톱이 되었다. 야마다니시끼는 효고현(兵庫県) 등 비교적 따뜻한 서일본에서 주로 재배되며, 고햐쿠만고쿠는 비교적 추운 호쿠리쿠(北陸) 지역을 중심으로 재배되고 있다.

자료참조

– 「사카마이 핸드북」 副島 顕子저 p3~5 ㈜ 文一総合出版 2018년 8월 30일 초판 제2쇄
– 「일본에 사케 마시러 가자」 김성수 109p~115p J&jj 출판사 2018년 4월 10일

긴자
GINZA
銀座

창업 1760년
오야코동 타마히데(玉ひで)

　어릴 때 시골에서 닭에게 공격을 당했던 기억이 있다. 어른들은 논일을 하러가시고 아무도 없는 마당에서 한가로이 모이를 쪼는 닭을 쫓으며 장난을 치다가 오히려 닭들에게 공격을 당했다. 아무리 덩치가 작은 소년이지만, 잡히면 어떤 아픔을 당할지 모른다는 위협을 느끼고 필사적인 방어를 했던 기억과 그럼에도 닭 부리에 쪼여서 상당히 아팠던 것이 어렴풋이 생각난다. 그 뒤로는 어설프게 닭을 위협하는 놀이는 일절 하지 않았다.

　시골 집에서 키우던 닭들은 앞 마당에서 모이를 쪼고 뒤뜰에서 벌레나 지렁이 등을 잡아먹곤 했다. 여름이면 참외나 수박 껍질, 버리는 야채 등을 주었는데 기꺼이 먹어 치웠다. 사료를 담은 바가지가 보이면 일제히 달려들었는데 늘 같은 바가지를 사용했기 때문에 닭들도 그 안에 있는 내용물이 무엇인지 기억하는 것 같았다.

　평소에는 애지중지 키웠지만, 제삿날이나 명절이 되면 한 두 마리를 잡아서 조리하여 제사상에 올리고 제사를 지낸 뒤에는 맛나게 먹었었다. 적어도 내가 시골에서 자라는 동안은 닭고기를 좋아했고 맛있게 먹었다. 그러다 도회지로 나온 뒤부터는 닭고기를 잘 먹지 않게 되었다. 딱 꼬집어서는 기억이 안 나지만, 닭고기가 맛이 없다고 느끼게 된 것 같다. 양념치킨 전문점이 하나 둘 동네에 생기던 초창기 무렵에 닭고기를 다시 조금 먹었는데 그 건 순전히 매콤하고 달콤한 양념 맛과 같이 곁들어 주는 새콤한 무 덕분이었다.

지금도 닭고기를 자주 먹는 편은 아니다. 가게에서 산 도시락에 들어 있거나 이자까야(선술집)에서 일행이 시킨 가라아게(닭 튀김)이 있으면 겨우 한 두 개 먹는 정도이

다. 가끔 제법 좋은 이자까야나 닭 요리 전문점을 가게 되는데 이 경우는 이야기가 달라진다. 소위 말하는 브랜드가 붙은 토종 닭이 나오는데, 어릴 때 맛있게 먹었던 기억 속의 것과 흡사한 맛을 느낀다. 가끔 '참 까탈스럽다'고 듣는 경우가 있지만, 나로서는 억울할 따름이다. 어릴 때 집 앞뜰에서 키운 토종닭을 먹고 자랐을 뿐이지 말입니다.

'오야코동(親子丼)'은 닭고기를 조리고 그 위에 달걀을 풀어서 익힌 덮밥 요리이다. 너무나 심플한 비쥬얼 때문에 맛 있게 보이도록 사진을 찍는 게 참 어려운 요리라고 생각한다. 평소에 즐겨 먹지는 않지만, 니혼바시(日本橋)에 있는 '타마히데(玉ひで)'의 오야코동은 기꺼이 줄을 서서라도 먹는다. 타마히데에서 제공하는 닭고기는 동남아시아에서 전해진 싸움닭을 식용으로 개량한 '도쿄 샤모(東京軍鶏)'라는 도쿄의 토종닭이다.

원래부터 일본에 있던 재래종이 아니기 때문에 1971년부터 연구를 시작하여 1984년이 되어서야 간신히 '도쿄 샤모'가 탄생되었다고 한다. 사육이 간편한 일반적인 식용 닭과 달리 120일 이상을 키워야 하기 때문에 손이 많이 가고 채산성과 효율이 낮다. 현재 도쿄도(東京都)내 4명의 양계업자만이 생산을 하고 있어서 공급량이 많지 않으며 도쿄의 에도(江戸) 전통의 맛을 추구하는 노포(老舗)의 요리사들에게 높은 평가를 받고 있다.

살짝 조명빛을 받은 '오야코동(親子丼)'의 반숙 계란이 보석처럼 반짝이며 식욕을 돋우어 주지만, 잠시 입으로 가져 가는 걸 망설이며 바라보게 된다. 간장 베이스의 타레(소스)를 머금은 밥 알이 입 속에서 한 톨 한 톨 흩어지며 감칠맛이 입안 가득 채워지는 것을 느낄 수 있다. 적당한 수분을 머금고 있기 때문에 꼭꼭 씹지 않아도 밥 알을 삼키기에는 무리가 없지만, 중간중간 불륨감 있는 도쿄 샤모가 출현하기 때문에 주의해야 한다. 닭고기가 조금 질기다고 표현해도 틀리지는 않을 것이다. 왜냐하면 근육질이 뛰어나기 때문이다. 꼭꼭 씹어야만 도쿄 샤모의 고소한 감칠맛을 제대로 느낄 수 있다.

일행이 있었다면 니가타의 사케 핫카이산(八海山)이라도 시켰을 법하지만, 이른 오후부터 혼자서 마시기에는 양이 많아서, 간사이(関西) 지역 고베(神戸) 인근의 유명 양조장의 사케를 부탁했다. 따끈따끈한 오야코동의 온도에 맞추어 아쯔캉(熱燗, 섭씨 50도 정도로 뜨겁게 데운 사케, 데운 사케의 총칭. ※ 7장 간단 '사케 기초' ⑦ - 사케의 음용온도 참조)으로 즐기니, 에어컨의 차가운 바람이 한결 시원하게 느껴지는 듯했다.

2023년 3월 현재 타마히데 본점은 건물 신축공사로 휴업 중이며 2024년 가을 무렵 완공 예정이라고 합니다. 본점이 다시 오픈(2024년 가을 예정) 할 때까지는 도쿄 스카이트리에 있는 직영점 타마히데 이치노에서 타마히데의 맛을 보실 수 있습니다.

소개메뉴

사케 1홉(180ml) ···················· 704엔~ | 이키오야코동 粋 親子丼 ················ 1,628엔

미야비 오야코동 雅親子丼 ······ 1,925엔 | 잔마이 오야코동 三昧親子丼 ········ 2,200엔

토쿠죠 오야코동 特上 親子丼 ························· 2,200엔

점포안내

점포명	타마히데 玉ひで
주소	東京都中央区日本橋人形町 1-17-10
TEL	＋81 50-5590-6792
영업시간	런치 11:30~13:30	디너 17:30~22:00
정기휴일	홈페이지(http://www.tamahide.co.jp/) 또는 전화 문의
평균예산(1인)	런치 2,000엔	디너 10,000엔~15,000엔
참고 URL	https://tabelog.com/kr/tokyo/A1302/A130204/13003073/

※ 메뉴와 가격은 2023년 6월 현재 기준입니다.
메뉴와 가격은 변동될 수 있다는 점을
양해해 주시기 바랍니다.

점포안내 구글지도

점포안내

점포명	타마히데 이치노 たまひで いちの
주소	東京都墨田区押上1-1-2 東京ソラマチ 7F
TEL	＋81 50-5592-7251
영업시간	런치 11:00~15:30 디너 17:00~23:00
정기휴일	연중무휴
평균예산(1인)	런치 2,000엔	디너 2,000엔~3,000엔
참고 URL	https://tabelog.com/kr/tokyo/A1312/A131203/13141237/

※ 메뉴와 가격은 2023년 6월 현재 기준입니다.
메뉴와 가격은 변동될 수 있다는 점을
양해해 주시기 바랍니다.

점포안내 구글지도

창업 1866년
우나기덮밥 & 타이챠즈케 – 치쿠요테이(竹葉亭)

아사쿠사(浅草) 얏코(やっこ)에서도 소개했던 일본 근대 소설가 '나쓰메 소세키(夏目漱石)'는 상당히 장어구이를 좋아한 것 같다. 아마도 당시 도쿄에 있는 유명한 장어덮밥 가게는 다 들러 보았지 싶다. 그의 소설 '나는 고양이로소이다(吾輩は猫である)' 속에서 언급된 장어덮밥 가게가 긴자 핫쵸메(八丁目, 8번지)에 있는 '치쿠요테이(竹葉亭)'.

> 「나는 고양이로소이다 吾輩は猫である(1906년)」에서 언급된 구절
> 「ハハハハそうなっちゃあ敵わない。時に伯父さんどうです。久し振りで東京の鰻でも食っ ちゃあ。 竹葉でも奢りましょう。これから電車で行くとすぐです」「鰻も結構だが、今日は これからすい原へ行く約束があるから、わしはこれで御免を蒙むろう」

> 「하하하 그렇다면 별 수 없지요. 백부님 시간 괜찮으시면 어떻습니까? 오랜만에 도쿄의 장어라도 드시지요. 치쿠요(竹葉)에서 한 턱 내겠습니다. 지금 바로 전철을 타면 금방입니다.」「장어도 좋지만, 오늘은 스기하라에 가야 하는 약속이 있어서 나는 먼저 일어나겠네.」(저자의 번역)

가게는 신바시(新橋)역에서 가깝고, 이전 도쿄의 중앙수산시장이었던 '츠키지(築地) 시장'과도 상당히 가까운 거리에 위치하고 있다. 2018년 10월에 츠키지시장이 도요스(豊洲)로 이전한 덕분에 상대적으로 외국인 관광객이 줄었을 법하지만, 여전히 인기 높다. 2017년 미슐랭 가이드 '빕 구르망(저렴한 가격으로 양질의 식사가 있는 곳)' 부문에 소개된 영향인 것 같다. 여느 노포의 특성과 다름없이 치쿠요테이의 내부는 차분한 분위기이다.

타이챠즈케(鯛茶漬け) 세트

치쿠요테이의 분점에서 내어주는 장어덮밥은 비교적 높은 평가를 받는 편이지만, 오래된 단골들은 역시 본점이 가장 맛있다는 표현을 아끼지 않는다. 입 속에서 스르르 녹아 흘러 사라지는 듯한 착각을 일으키는 부드러움은 타의 추종을 불허한다. 장어의 기름진 감칠맛이 여운을 남겨 주기 때문에 밑에 깔린 밥만 먹어도 그 만족감이 떨어지지 않을 정도다. 곁들이는 국물인 키모스이(肝吸い) 또는 '미소완(味噌椀)'은 330엔 별도다. 국물이 필요 없으면 주문하지 않아도 된다. 기온이 제법 높은 날씨라면 국물보다 생맥주를 권한다. 삿포로 맥주를 대표하는 '에비스(エビス)' 생맥주가 치쿠요테이의 장어를 한층 더 맛나도록 도와준다. 잔에 남는 맥주 거품의 링을 보면서 잔이나 생맥주의 온도 관리가 아주 양호하다는 것을 짐작한다.

한 젓가락 즉석 회덮밥

도미회로 사케 한 잔   챠즈케

　장어 다음으로 적극 추천하는 것이 '타이챠즈케(鯛茶漬け)'다. 엇베어 썰은 타이(鯛, 도미)회에 깨를 갈아 만든 소스에 담근 것을 밥 위에 올리고 뜨거운 차(茶)를 부어 말아먹는 요리이다. 도미회의 양이 적거나 별도로 더 먹고 싶다면 추가해도 좋다. '타이챠즈케'를 먹기 전에 따로 몇 점은 사케의 안주로 즐긴다. 깨를 갈아 만든 소소는 뜨거운 차를 부어 먹기 위한 것으로 그냥 먹게 되면 제법 짠맛이 강하게 느껴진다. 때문에 안주로 먹을 때는 윗부분에 있는 것을 살짝 집어서 소스를 아주 가볍게 찍어야 한다. 다음엔 한 젓가락 정도의 분량을 집고, 이때는 소스도 듬뿍 찍어 맨밥 위에 올려 먹는다.

　일종의 한 젓가락 즉석 회덮밥. 마지막으로 본격적인 '챠즈케(茶漬け)'로 마무리한다. 세트가 눈 앞에 나왔을 때는 밥 양이 좀 많은가 싶은 생각도 들었는데 내가 좋아하는 약간 진 밥이어서 결국은 다 먹어 치웠다.

소개메뉴

사케 1홉(180ml) ·················· 660엔 ｜ 생맥주 生ビール ································· 660엔

타이챠즈케 鯛茶漬け ·············· 2,210엔

장어덮밥 A 鰻お丼 A ·············· 2,960엔 ｜ 장업덮밥 B 鰻お丼 B ················· 3,520엔

점포안내

점포명	치쿠요테이 竹葉亭
주소	東京都中央区銀座 8 -14 -7
TEL	＋81 3-3542-0789
영업시간	런치 11:30~15:30 ｜ 디너 16:30~21:00
정기휴일	일요일 · 축일
평균예산(1인)	런치 3,000엔~4,000엔 ｜ 디너 15,000엔~19,000엔
참고 URL	https://tabelog.com/kr/tokyo/A1313/A131301/13002338/

※ 메뉴와 가격은 2023년 6월 현재 기준입니다. 메뉴와 가격은 변동될 수 있다는 점을 양해해 주시기 바랍니다.

점포안내

구글지도

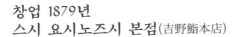

창업 1879년
스시 요시노즈시 본점(吉野鮨本店)

　　예전에 알고 지내던 동생 중에 도쿄의 어느 유명한 요리학원을 다니던 녀석이 있었다. 하루는 느닷없이 "'에도마에(江戸前)'가 뭐예요?"라고 물어보길래, "도쿄 앞에 뭐가 있니?"라고 되물어 봤다. 이 때 나는 위치적인 개념으로 '바다'라는 대답을 기대했는데, 뚱딴지 같이 "메이지(明治)인가요."라고 답했다. 기대를 저버리는 엉뚱한 대답에 무어라 말을 잇지 못하고 입이 벌어졌다. 녀석은 '도쿄 앞'이라는 말을 위치적인 것이 아니라 시간적인 개념으로 이해하고 자기가 아는 일본 연호(年号) 중에서 가장 먼저 떠 오른 메이지(明治)를 말 할 것이다. 심지어 메이지는 에도 다음이다.

　　'에도(江戸)'는 지금의 도쿄를 칭하는 옛날 지명이라고 생각하면 된다. 물론, 옛날에 비해 그 규모는 어마어마하게 커졌지만, 통상적으로 '에도=도쿄'라고 생각해도 큰 지장은 없다. 에도마에(江戸前)는 에도=도쿄 앞 바다에서 잡히는 어패류를 통칭하는 대명사이며, 오늘날 도쿄의 전통음식이라고 일컫는 음식에 붙이기도 한다. 대표적인 것이 '에도마에 스시', '에도마에 텐푸라'를 들 수 있다. 스시를 좋아하시는 분들은 '에도마에 스시'라는 말을 종종 들어 보신 적이 있을 거다. 요즘은 이 '에도마에(江戸前)'가 좀 더 광역화 되어, 도쿄의 전통적인 방식으로 해석하는 경우도 있는 것 같다. 예를 들어, 「'에도마에 스시'를 재현한 서울의○○ 초밥집」이라는 블로그나 기사를 볼 수 있는데, 이 경우 '도쿄의 전통적인 방식'이라고 표현하는 것 같다. 에도마에의 전통을 고수하기 위해, 서울에서 도쿄 앞 바다에서 잡힌 생선을 취급한다는 것은 물리적으로 상당히 무리가 있다. 생선의 선도(鮮度)

도 중요하지만, 수입을 하기 위한 비용이 엄청 크기 때문이다. 도쿄 앞 바다에서 잡는 어획량으로는 수요를 충족시키지 못 하기 때문에 에도마에를 칭하는 도쿄의 스시 가게 중에서도 반드시 도쿄 앞 바다에서 잡은 생선만을 취급하는 가게는 그 수가 많지 않다. 따라서, 오늘날의 에도마에에 대한 개념은 도쿄의 전통적인 방식을 고수한 음식이라고 생각하면 무난하다고 본다. 냉동, 냉장의 보관 기술이 발달한 오늘날 반드시 어디에서 잡힌 것이어야 한다는 좁은 의미의 개념은 그다지 중요한 것이 아닐 수도 있다.

이왕 도쿄까지 왔다면, 에도마에 스시는 빠트릴 수 없는 음식이다. 자, 어디를 찾아갈까? 긴자의 '스키야바시 지로(すきやばし次郎)', '큐베(久兵衛)' 같은 곳도 좋지만, 큰 부담 없는 착한 가격이면서도 본격적인 스시 가게의 분위기를 느낄 수 있는 곳도 있다.

'요시노즈시 본점(吉野鮨本店)'의 창업은 1879년이며 야타이(屋台:포장마차)로 시작했다고 한다. 지금의 가게는 1970년에 이전한 곳으로, 기본적으로는 지금 위치한 지역에서 크게 벗어 난 적이 없다고 한다. 기름진 마구로 뱃살을 처음 '도로(卜口)'라고 이름 붙인 곳으로 자타가 인증하는 곳이기도 하다.

런치 2000엔

사케 사쿠라마사무네(1홉 180ml)

카스테라 같이 부드러운 계란말이 초밥

입구는 격식을 갖춘 장식이 없으며 평범한 4장의 미닫이 문으로 되어 있고, 안으로 들어가기 위해서는 가운데 문을 열어야 한다. 문을 열면, 중앙에 테이블이 보이고 오른쪽으로 신발을 벗고 올라가야 하는 타타미 좌석이 있다. 왼쪽으로 카운터 좌석이 있고 그 너머로 스시 장인들이 묵묵히 스시를 만들고 있는 조그만 가게다. 입구와 마찬가지로 실내의 분위기도 고급스럽다기 보다는 평안한 느낌을 준다. 큰 대로변에서 조금 들어간 골목에 위치하고 있어서, 우연히 지나가다 들어가기는 어려운 가게이다 보니, 뜨내기 손님보다는 단골 손님이 많은 편이라고 한다. 스시의 비쥬얼도 화려하지 않고 심플하다. 그러나, 스시의 존재감이 조용히 느껴진다. 초밥에 설탕을 쓰지 않기 때문에 산뜻하면서도 생선과 쌀밥이 이루는 감칠맛이 황홀할 정도로 뛰어나다. 곁들이는 사케는 평범한 보통주로도 좋다. 가만히 생각해보면 이게 바로 100여년 전의 맛이지 않을까. 긴조슈(吟醸酒, 원료쌀을 40% 이상 깎고 남은 60% 이하의 것으로 담근 고급 사케의 총칭. ※ 5장 간단 '사케 기초' ⑤ - 고급 사케의 분류 참조), 다이긴조슈(大吟

醸酒, 원료쌀을 50% 이상 깎고 남은 50% 이하의 것으로 담근 고급 사케의 총칭.
※ 5장 간단 '사케 기초' ⑤ – 고급 사케의 분류 참조)가 존재하지 않았던 시대의 전통을
잇는 맛에 억지로 고급 깅죠슈를 찾을 필요까지는 없는 것 같기도 하다.

소개메뉴

사케 ·· 700엔
런치 스시 ランチすし ··· 2,300엔 / 2,800엔 / 3,300엔

점포안내

점포명	요시노즈시 본점 吉野鮨本店
주소	東京都中央区日本橋 3-8-11
TEL	+81 3-3274-3001
영업시간	월~토 11:00~14:00, 16:30~21:30 (토요일은 14시까지)
정기휴일	일요일, 축일(금요일이 축일이면 토요일 휴무)
평균예산(1인)	런치 2,000엔~3,000엔 ┃ 디너 10,000엔~15,000엔
주의	런치 – 신용카드 사용불가 ┃ 디너 – 신용카드 사용가능
참고 URL	https://tabelog.com/kr/tokyo/A1302/A130202/13000511/

※ 메뉴와 가격은 2023년 6월 현재 기준입니다. 메뉴와 가격은 변동될 수 있다는 점을
양해해 주시기 바랍니다.

점포안내

구글지도

돈키호테 긴자 본관

　　2000년 여름 무렵부터 약 3년간 긴자(銀座) 인근의 하마마츠쵸(浜松町)
라는 동네에서 살았다. 도심이라 교통이 편리한 점이 마음에 들어 처음에는 생활
하기 좋다고 생각했는데, 가까운 곳에 조그마한 슈퍼마켓조차 하나 없어서 생필품
을 구입하려면 자전거로 편도 삼사십분 거리를 왕복해야 했기 때문에 점점 불편을
느끼게 되었다. 그러던 중, 자전거로 20여분 거리에 있는 하나마사(ハナマサ)라는
업무용 슈퍼를 알게 되었다. 인근 요식업 가게를 대상으로 한 슈퍼이기 때문에 1
인 가구가 쓰기 좋은 소량 판매가 없어 부담스러웠지만, 가격이 아주 저렴해서 자
주 다녔다. 같은 건물 지하 1층에 야끼니꾸(焼肉) 레스토랑의 무한리필 고기 부페
런치가 980엔(60분 제한)으로 스프, 야채, 고기, 식사류는 물론 케익, 아이스크림,
과일 같은 디저트도 충실해서 매주 토요일 점심은 여기서 해결했다.
　　몇 년쯤 뒤에 다시 들렀을 때, 1층에 있던 슈퍼는 사라지고 그 유명한 잡화
점 '돈키호테(ドンコホーテ)'가 들어서 있었다. 2006년 오픈 당시에는 외국인 관

광객이 붐비는 명소가 되리라고는 상상할 수 없는 작은 규모였다. 방일 외국인 관광객 3,000만명을 목표로 세운 일본 정부의 정책과 관광객을 대상으로 한 판매 전략이 성공하여 지금은 외국인 관광객의 발길이 끊이지 않으며, 우리나라에서 찾아오는 분들 중에서도 일부로 여기를 안내해 달라는 요청이 있을 만큼 관광 필수 코스로 자리 잡았다.

1885년에 창업한 텐푸라 전문점 '긴자텐쿠니(銀座天国)'는 쇼핑의 천국으로 알려져 있는 '돈키호테 긴자 본관' 도로 건너에 위치하고 있다. 긴자의 중앙을 가로지는 메인 도로에 접하고 있어서 점포를 찾기도 아주 쉽다. 주변은 고급 부티크와 백화점이 많은 긴자 중심지(3번지~6번지)와 달리 크고 작은 규모의 맛집이 비교적 많이 있다. 긴자 잇쵸메(一丁目, 1번지)에서 핫쵸메(八丁目, 8번지)까지의 직선 거리는 약 1.2km, 백화점이나 크고 작은 상점을 구경하며 걷는다면 웬만큼 체력

긴자텐고쿠 1층 내부

이 좋은 사람도 핫쵸메에 도달할 무렵쯤 상당한 피로감을 느낄 수 있을 것이다. 그런 점에서 핫쵸메 인근에 카페나 음식점이 많은 것은 결코 우연이 아니라, 과학적으로 아주 합리적인 위치일지도 모르겠다.

지하 1층에서는 카운터에 앉아 직접 튀겨지는 장면을 구경하면서 텐푸라 정식(코스요리)를 즐길 수 있고, 1층은 깔끔하고 세련된 넓은 공간의 테이블에서 여유롭게 식사를 즐길 수 있다. 2층과 3층은 주로 단체 예약 손님이 이용한다고 한다. 장시간의 산책으로 육체적 피로감이 있다면 조용한 분위기의 1층이 좋다. 어수선하지 않고 차분한 분위기와 더불어 오챠(お茶, 녹차)를 얼마든지 리필해서 마실 수 있다. 식사가 끝났더라도 여유롭게 오챠를 마시며 담소를 즐겨도 부담스럽지 않다.

텐푸라 모듬

텐동(텐푸라덮밥)

　　7번지에 있는 긴자 라이온의 영향인지는 모르겠지만, 생맥주는 삿포로를 내어 주는데 잔에 따르는 솜씨가 상당히 좋다. 맥주의 온도며 주입기의 위생관리가 아주 훌륭한 상태임을 느낄 수 있다. 주문한 텐푸라를 기다리는 동안 맛있는 생맥 주로 목을 축이는 즐거움이 웬만한 이자까야보다 훨씬 좋다. 긴자텐고쿠는 튀김용 기름을 특별 주문하여 만든 비전(秘伝)의 참기름을 사용한다고 한다. 참기름의 풍 미가 은은하게 느껴져 텐푸라가 한결 고소하게 느껴진다. 흔히, 기름기로 인한 묵직 한 여운이 남기 마련이지만, 의외로 깔끔하고 가볍다. 찍어 먹거나 텐동에 뿌리는 소스도 색깔이 짙어 농후하고 짜게 보이지만, 감칠맛이 있으면서도 의외로 가볍다. 소금과 레몬을 곁들여 내어 주지만, 역시 비전의 장국 소스가 한결 맛있다.

소개메뉴

생맥주 生 ビール ·····················,············· 715엔 │ 사케 1홉(180ml) ················ 660엔

〔평일〕 런치 텐동 お昼天丼 ················· 1,500엔 │ 런치 정식 お昼定食 ··········· 1,600엔

1층 텐동 텐푸라덮밥 天丼 ················· 1,980엔

1층 텐푸라 모듬 天ぷら盛り合わせ ····· 2,420엔

점포안내

점포명	긴자텐쿠니 銀座天国
주소	東京都中央区銀座 8-9-11 銀座天国ビル
TEL	+81 50-5869-3528
영업시간	11:30~21:00
정기휴일	일요일
평균예산(1인)	런치 2,000엔~3,000엔 │ 디너 5,000엔~6,000엔
참고 URL	https://tabelog.com/kr/tokyo/A1301/A130103/13245114/

※ 메뉴와 가격은 2023년 6월 현재 기준입니다. 메뉴와 가격은 변동될 수 있다는 점을
양해해 주시기 바랍니다.

점포안내

구글지도

창업 1902년
소바 - 니혼바시 야부큐(日本橋やぶ久)

　　도쿄역 야에스(八重洲) 중앙 개찰구를 나와 큰 도로를 건너서 한 블록 접
어들면 번화가 못지않게 많은 가게들이 있다. 흔히 볼 수 있는 별 다방과는 달리
이름은 모르지만 제법 오랫동안 그 자리에서 커피를 팔고 있는 커피전문점도 있
고, 꼬치구이, 피자, 파스타, 이자까야, 라멘 등등 기호에 따른 선택의 장르가 다양
한 곳이다. 하늘을 가리고 반듯반듯 높이 치솟아 있는 도로변의 빌딩 숲은 차가운
표정을 하고 있지만, 몇 발작 걸어 골목으로 접어들면 키가 낮은 잡거빌딩이 다닥
다닥 어깨를 나란히 들어서 있다. 수많은 사람들이 오래전과 다름없이 삶을 살아
가는 장소임을 느끼게 해 준다.

　　제법 오래된 노포는 주위의 다른 건물과 달리 존재를 알리는 듯한 위용을
뿜어내는 경향이 있는데, 니혼바시 야부큐(日本橋やぶ久)는 외관상으로는 주위와
구분하기 어렵다. 그냥 조그마한 가게가 하나 있다는 것을 알 수 있을 정도이다.

간판의 글씨도 주의 깊게 보지 않으면 구별하기 어려울 만큼 주위에 동화되어 있다. 무엇보다도 건물의 폭이 3m도 체 안 돼 보인다. 단순히 협소한 공간이라고 표현할 수도 있지만, 적어도 내 기억 속에서는 가장 날씬한 건물이다. 공간이 좁은 것과는 상관없이 점심 때도 인근 회사원으로 붐비고 저녁은 이른 시간부터 많은 사람들이 찾는다. 운이 나쁘면 오후 5시부터 예약이 차서 자리가 없을 때도 있다고 한다. 효율적인 회전을 위해 1층의 테이블에서는 합석이 기본이다. 체격이 큰 사람은 조금 불편할 수 있다는 점을 미리 알고 찾아가는 것이 좋다.

오쯔마미테이반 산텐모리

소바후덴가쿠

텐푸라

카레난반(선택:돼지고기 or 닭고기 / 소바 or 우동 / 매운맛 (강도에 따라 추가 100엔))

카레난방소바

사케는 8종류 정도가 구비되어 있지만, 대부분 '카라쿠치(辛口)' 계열의 사케로 조금 볼륨감이 다른 정도의 차이는 있지만, 모두 가볍고 깔끔한 스타일로 소바와 즐기기에는 딱 좋다. 다른 명품 소바 가게에서는 잘 보기 어려운 소바 후덴가쿠(そば麩田楽, 소바로 만든 후덴가쿠, 니혼바시 야부큐의 특별메뉴)가 별미다. 떡과 두부의 중간쯤 되는 쫄깃하고 말랑한 식감이다. 소바의 은은한 고소함과 미소(일본된장)의 짭조름한 맛이 색다르다.

가게 이름에 '야부'가 있어서 '칸다 야부소바' 계열인가라는 생각을 해 보았지만, 소바를 맛본 것만으로는 계통이 조금 다른 것 같다. 흔히 '세이로소바'나 '모리소바'가 인기가 있는 곳이 보통이지만, '야부큐'의 인기 넘버원은 '카레난방소바'다. 이 카레난방소바를 먹기 위해 수많은 팬들이 연일 발길을 잇는다고 한다. 점원에게도 가장 추천하는 메뉴를 부탁하면 어김없이 카레소바를 권한다. 면은 소바 대신 우동으로도 선택할 수 있는데, 압도적으로 소바가 인기라고 한다. 소바의 장국을 만드는 감칠맛이 뛰어난 국물로 만든 카레는 언제 먹어도 질리지 않는 익숙하면서도 색다른 느낌의 별미다. 카레의 맛을 내는 고기는 돼지고기와 닭고기 두 종류 중에서 한 가지 선택을 해야 하며, 매운맛은 보통, 매운맛, 아주 매운맛, 아주아주 매운맛 4 단계로 되었는데, 맵게 할수록 추가 요금이 100엔씩 붙는다.

소개메뉴

사케 1홉(180ml) ························· 990엔~ ｜ 소바후덴가쿠 そば麸田楽 ········· 980엔

오쯔마미테이반 산텐모리 おつまみ定番三点盛り ································ 1,300엔

카레난방소바 カレー南蛮そば ····· 1,100엔~ ｜ 텐푸라 天ぷら ···························· 2,200엔

점포안내

점포명	니혼바시 야부큐 日本橋やぶ久
주소	東京都中央区日本橋 2-1-19
TEL	+81 50-5868-0404
영업시간	월~금 11:00~16:00 / 17:00~22:30 ｜ 토 11:00~16:00 / 17:00~21:30
정기휴일	일요일 · 축일
평균예산(1인)	런치 1,000엔~2,000엔 ｜ 디너 4,000엔~5,000엔
주의	신용카드 사용불가
참고 URL	https://tabelog.com/kr/tokyo/A1302/A130202/13011459/

※ 메뉴와 가격은 2023년 6월 현재 기준입니다. 메뉴와 가격은 변동될 수 있다는 점을
양해해 주시기 바랍니다.

점포안내

구글지도

창업 1924년
테마키즈시 - 츠키지타마(築地玉)

굳이 스시 전문 가게를 찾지 않고도 집에서 해 먹을 수 있는 테마키즈시(手
巻き寿司)는 준비하기도 간편하고 먹기도 간편하다. 주로 홈 파티에 자주 등장하
는데 가장 큰 이유는 웬만해서는 실패하지 않는다는 것이다. 우선, 맛에 대한 기본
점수를 밑도는 결과는 거의 없다. 그야말로 무적의 스시 김밥이라고 할 수 있을 것
이다.

테마키즈시의 원조에 대해 인터넷을 검색을 해 보아도 딱히 명확한 정보를 찾기 어렵고 몇몇 블로그에서 에도 시대라는 설도 있지만 정보의 출처를 알 수 없기 때문에 신빙성이 떨어진다. 가지고 있는 '타베모노(たべもの, 먹을 거리) 기원 사전'을 뒤져 보아도 '마키즈시(巻き寿司)'의 설명에서 등장하기는 하지만, 명확한 설명은 찾을 수 없었다. 그러다 우연히 위키피디아를 검색하던 중 츠키지에 본점을 두고 있는 「츠키지타마즈시(築地玉壽司)」가 테마키즈시의 원조라고 칭한다는 것을 알게 되었다.

츠키지타마즈시의 홈페이지를 들어가 보니, 당당하게 '전국에서 인기 있는 테마키즈시, 쇼와 46년(昭和 46年:1971년) 츠키지타마즈시에서 탄생하였습니다.'라고 적혀 있는 것이 아닌가. 긴자(銀座)에 오는 젊은 사람들이 주머니 걱정 없이 손쉽게 스시를 먹을 수 있도록 고안한 스시가 바로 오늘날 남녀노소에게 인기 높은 '테마키즈시'라는 것이다. 별거 아니지만, 새로운 것을 알게 되었다는 무언가 근거 없는 뿌듯함을 느끼며, 검색 창을 닫으려다 우연히 매월 8일「테마키의 날」페이지를 발견했다.

毎月8日の「手巻の日」は全35種類の手巻がなんと1本110円で楽しめます.
(매월 8일「테마키의 날」은 전35종류의 테마키가 1줄 110엔 드실 수 있습니다.)

* URL http://www.tamasushi.co.jp/temaki/

※코로나 영향으로 현재(2023년 6월) 서비스를 중단하고 있습니다.
사전에 홈페이지를 확인 부탁드립니다.

이게 무슨 소리지. 꼼꼼히 페이지를 읽어보니, 한 줄 500엔하는 것도 당일은 110엔!! 35개 종류 중 어느 것을 먹어도 110엔. '원조'라는 수식어에도 마음이 끌렸지만, 가격이 매력적이다. 주위에 흔한 회전 스시 집이라면 '오이'만 넣고 100엔 하는 건 쉽게 찾을 수 있다. 근데, 성게알, 연어알, 마구로 등등 제법 값비싼 재

료를 넣고 이 날만은 110엔 균일이라는 것이다. 오래 전부터 실시되고 있는 연례행사이기 때문에 단골은 물론이면 나같이 새로이 찾는 사람도 많다는 것을 현장에서 알 수 있다. 제법 줄을 서야 한다. 한 가지 다행인 것은 대부분 식사를 하기 위해 찾는 손님이 많기 때문에 회전은 참 빠르다고 느껴졌다.

주방에서 하는 잡담을 들어보니, 내가 찾은 날은 아주 한가한 편이며 매우 드문 경우란다. 보통 행사 당일 테마키즈시만 거뜬히 3,000~4,000개 정도 만드는데 아직 2,000개도 안 만든 것 같다라는 말이 들렸다. 주문을 하려다 문득 괜한 걱정이 들었다. 바빠서 대충 만들기 때문에 맛은 그냥 좀 실망스럽지는 않을까 라는. 이왕 여기까지 왔는데 몇 개만 먹자, 라고 스스로를 달래며 우선, 5개만 시켰다. 그리고, 사케 한잔. 정말, 이것만 먹고 갈 계획이었다. 서두에서도 설명한 바와 같이 테마키즈시는 웬만해서는 실패하지 않는다. 속에 넣은 밥도 일부러 크게 하거나 하지 않는다. 그냥, 스시 한 피스 정도의 분량의 초밥을 넣고 주문하는 재료를 듬뿍 넣어 바로 말아준다. 기막히게 맛있다라는 표현을 써도 아깝지는 않지만, 모든 종류를 먹어보지 못했기 때문에 객관적인 평은 못하겠다. 좋아하는 연어알, 성게알, 쥬도로를 3번 시켜 먹고, 몇몇 다른 종류는 한 번씩 시켜 먹었다.

괜한 눈치이겠지만 요리사가 살짝 쳐다보는 듯한 '야, 비싼 것만 골라 시키는 구만.'이라고 생각했을 법했다. 5개만 먹으려던 애초의 계획은 가볍게 사라지

고 13개을 먹었다. 테마키즈시만으로도 스시의 만족감을 충분히 만끽할 수 첫 경험이다. 내 위장의 허용한계가 좀 더 컸더라면 틀림없이 더 밀어 넣었을 것이다. 500엔짜리만 9개를 먹었으니, 본전은 톡톡히 뽑고도 거스름돈이 남을 정도다.

1층의 벽면 한 쪽에 프리미엄 사케 병을 쭉 늘어놓은 것도 인상적이다. 사케 전문점에 비교할 만큼은 아니지만, 메뉴에는 사케의 종류도 잘 갖추고 있다. 단순히 유명한 브랜드의 사케를 나열해 놓은 것이 아니라 주인장의 취향을 분명히 하는 진열이었다. 내가 선택한 것은 「도쿄의 사케」. 아주 좋은 선택이었다.

소개메뉴

스시 단품 ············ 110엔~ │ 스시세트 ··········· 2,310엔~ │ 사케1홉 ··········· 638엔~

※「테마키의 날」- 8일이 토요일 · 일요일인 경우는 일정이 변경됩니다.

점포안내

점포명	츠키지타마즈시 츠키지 본점 築地玉寿司
주소	築地本店 東京都中央区築地 1-9-4
TEL	+81 50-5869-1638
영업시간	월~토 11:00~23:00 │ 일 · 축일 11:00~22:00
정기휴일	연중무휴
평균예산(1인)	런치 1,000엔~2,000엔 │ 디너 10,000엔~15,000엔
참고 URL	https://tabelog.com/kr/tokyo/A1313/A131301/13014807/

※ 메뉴와 가격은 2023년 6월 현재 기준입니다.
메뉴와 가격은 변동될 수 있다는 점을
양해해 주시기 바랍니다.

점포안내 구글지도

참고 자료

- 〈위키피디아〉마키즈시(巻き寿司)
  https://ja.wikipedia.org/wiki/%E5%B7%BB%E3%
  81%8D%E5%AF%BF%E5%8F%B8

- 「먹거리 기원 사전」오카다 테츠(岡田哲), 東京堂出版, 2003년 5월 10일

창업 1929년
라멘 - 만푸쿠(萬福)

　도쿄에서 가장 오래된 라멘 가게를 검색하다 보니, 이전 다니던 직장 사무실 인근에 있어서 자주 가던 가게라는 걸 알게 되었다. 제법 오래된 노포인 건 알고 있었다. 가장 오래되었다는 점이 놀랍기는 했지만, 불특정 다수의 사람에게 맛집으로 추천하기는 망설여 지는 곳이다. 가게 구석구석과 그릇에 낀 세월의 흔적을 맛으로 여길 수도 있겠지만, 내 입맛으로는 그냥 평범한 동네 가게였다. 니혼바시(日本橋) 끝머리에 위치하고 있어서 굳이 찾아 가기에도 조금 불편한 장소이다.

　도쿄에서 두 번째로 오래된 라멘 가게 '만푸쿠(萬福)'는 1929년 창업하였으며, 긴자 인근에 있다. 처음 정리를 할 때, 찾아가 맛보고 글을 쓰려다가 라멘은 이것만 전문적으로 하는 매니아 층이 두꺼운데 굳이 내가 취급을 해야 할까라는 생각이 들어 미루고 미루다 생략하는 게 좋겠다고 판단했다. 마무리 작업에 들어서면서 무언가 하나 이빨이 빠진 아쉬움이 남아, 결국은 마지막 무렵에 넣게 되었다.

만푸쿠 실내

최근의 라멘은 좋게 말해서 퓨전 스타일이 많이 너무 많이 늘어난 것 같다. 고명으로 트러플을 올리기도 하며, 다양한 재료를 올리는 등 디자인도 다채로워졌다. 덕분에 라멘 한 그릇의 가격도 만만치 않게 되었다. 예전에는 1,000엔 정도면 제법 좋은 라멘을 맛볼 수 있었는데, 요즘은 1,000엔으로는 어림도 없게 되어 가고 있다.

만푸쿠는 최신 트랜드와는 거리가 먼 동네가게다. 인근의 주민과 회사원이 끼니를 해결하는 일상의 공간이며, 그리운 맛을 찾아서 먼 길을 찾아오는 사람의 고향 같은 곳이기도 하다.

포장마차에서 시작한 '츄카소바(中華そば:라멘)'는 맛에 멋을 부리지 않고, 올리는 고명도 소박하다. 오늘 먹고, 내일 또 먹어도 좋은 포근한 맛.

히야시츄카

여름철의 '히야시츄카(冷やし中華:냉면)'가 명물이라고 한다. 채 썬 오이, 계란, 챠슈(焼豚, 조린 돼지고기)와 숙주를 고명으로 올린 아주 일반적이고 모범적인 비쥬얼. 신맛이 지나치게 자극적이지 않고 짭조름한 간의 밸런스가 좋아서 깔끔하고 산뜻하게 먹을 수 있다. 전체를 다 비벼서 먹어도 상관은 없지만, 고명과 면을 썩지 않고 조금씩 들어먹는 것이 일반적인 스타일이다. 군만두에 병맥주로 반주를 곁들이면 무더운 여름 하루의 피곤을 잊게 해 주는 인기 메뉴라고 한다.

소개메뉴

츄카소바 中華そば ·· 700엔
히야시츄카 冷やし中華 ··· 990엔

점포안내

점포명	만푸쿠 萬福
주소	東京都中央区銀座 2-13-13
TEL	+81 3-3541-7210
영업시간	월~토 11:00~15:00, 17:00~22:00
정기휴일	일요일
평균예산(1인)	런치 1,000엔 ┃ 디너 1,000~2,000엔
주의	신용카드 사용불가
참고 URL	https://tabelog.com/kr/tokyo/A1301/A130101/13002324/

※ 메뉴와 가격은 2023년 6월 현재 기준입니다. 메뉴와 가격은 변동될 수 있다는 점을
 양해해 주시기 바랍니다.

점포안내　　구글지도

창업 1931년
야끼토리 긴자토리시게(銀座鳥繁)

긴자토리시게 입구

　퇴근길에 전철역 개찰구를 나와 집으로 가는 길에 야끼토리(焼き鳥, 닭꼬치 구이) 전문 이자까야가 있다. 가게 안에서 술을 마시며 즐길 수도 있지만, 포장해 갈 수도 있다. 가게 입구와 병렬하여 주방이 보이도록 트여져 있고 그 앞에서 닭꼬치를 굽기 때문에 연기와 그 향기에 끌려 문득문득 발을 멈추게 되는 경우가 많다. 일본에서는 양념한 닭고기에 반죽을 입혀 튀긴 카라아게(唐揚げ)도 일상적으로 많이 먹지만, 야끼토리도 상당히 인기 있는 닭요리다. 특히, 술 안주에서 빠지면 허전할 만큼 명확한 포지션을 차지하고 있다. 야끼토리를 언제부터 즐겨 먹었는지에 대해서는 몇 가지 설이 있는데, 가장 오래 된 기록은 에도시대(江戸時代)의 '고우루이니치요우료오리쇼오(合類日用料理抄, 1689년)'에 닭고기를 꼬치에 꿰어 굽는 요리의 기록이 남아 있다.

『合類日用料理抄』(1689) 「鳥を串にさし薄霜ほどに塩をふりかけ焼き申し候。よく焼き申す時分、醬油の中へ酒を少加え、 右のやき鳥をつけ、一へん付けて醬油のかわかぬ内に座敷へ出し申し候。雉子斗は初めよりかけ 汁付けて焼き申し候」

(닭고기를 꼬치에 꿰어 옅은 안개 정도의 소금을 뿌리고 굽는다. 잘 구워졌을 때, 간장 속에 사케를 조금 넣어, 야끼토리를 담그고, 한 번 담그고 간장이 마르기 전에 손님상에 올린다. 꿩 등은 처음부터 양념장에 담았다가 굽는다)

(저자 번역)

※자료참조 – 야끼토리의 역사 やきとりの歷史 『合類日用料理抄』

긴자토리시게 2층 실내

야끼토리가 일반적으로 보급되기 시작한 것은 1923년 간토 대지진(関東大震災)이후 포장마차에서 값싼 돼지 내장을 꼬치에 구워 팔다가 점차 닭고기를 꼬치에 꿰어 구워 파는 형태의 야끼토리 포장마차가 등장하면서 널리 보급되었다고 한다.

'긴자토리시게(銀座鳥繁, 창업 1931년)'는 삼대째 이어오는 야끼토리 전문점이며, 현주인장의 조부모가 포장마차에서 시작하여, 1939년에 처음 가게를 가지게 되었다고 한다. 1958년에 지금의 자리에 터를 잡았으며, 현주인장은 할머니로부터 야끼토리(焼き鳥) 가게로는 두번째로 오래되었다고 전해 들었다고 한다.

간장소스맛(츠쿠네, 키모, 카시와)

소금맛(테바사키, 네기마, 츠쿠네)

소금맛(시메지버섯말이, 카와, 네기마)

드라이 카레

동네 역 앞에서 파는 한 꼬치 100엔의 야끼토리와 달리, 질이 다른 좋은 닭고기를 사용하고 있다는 것을 한 입에 알 수 있다. 적당히 씹히는 탄력이 있으면서도 부드럽게 흐트러지는 고기살의 고소한 맛과 소금, 간장소스와의 밸런스도 아주 좋다. 한 가지 특이한 것은 코스에 곁들어진 '갈은 무'이다. 조금 매운맛이 있는 곱게 갈은 무를 야끼토리에 곁들여 먹으면 고기의 풍미가 더해지고 기름진 느낌이 사라져 입안을 개운하게 해 준다. 취향에 따라 '갈은 무'를 듬뿍 곁들여 먹고 싶으면 추가(150엔)로 주문할 수 있다.

야끼토리 가게에서 마지막으로 먹는 식사는 일반적으로 밥과 닭국물(or 미소시루), 쯔께모노(야채 소금절임) 같은 것인데, 긴자토리시게는 특이하게 '드라이 카레'를 준다. 카레가 아직 일반적으로 보급되지 않았을 때였기 때문에 신기한 새로운 맛으로 평이 좋았다고 한다. 메뉴에는 올리지 않았는데 입소문을 타고 인기가 높아져 정식으로 메뉴에 올려졌다고 한다. 밥은 퍽퍽하지 않고 차지며, 입안에 남은 닭고기의 감칠맛 여운과 어우러져 카레의 맛이 아주 뛰어나게 느껴졌다. 평소 썩 카레를 즐겨 먹는 편이 아니라 기대하지 않은 탓도 있겠지만, 또 먹고 싶을 정도로 기억에 남는 카레였다.

▌**주요 야키토리 메뉴**

구분		설명
네기마	ねぎま	닭의 넓적다리나 다리살을 파와 번갈아 꼬치에 꿰어 구운 것
츠쿠네	つくね	다진 닭고기를 반죽하여 동그란 모양으로 만든 후 꼬치에 꿰어 구운 것
사사미	ささみ	닭가슴살을 꼬치에 꿰어 구운 것
테바사키	手羽先	닭의 날개살 중 윗부분을 꼬치에 꿰어 구운 것
모모	もも	닭의 넓적다리를 꼬치에 꿰어 구운 것
카와	かわ	닭껍질을 꼬치에 꿰어 구운 것
코니쿠	小肉	닭의 목살 부분을 꼬치에 꿰어 구운 것
하쯔	はつ	닭의 심장 부분을 꼬치에 꿰어 구운 것
키모	きも	닭의 간 부분을 꼬치에 꿰어 구운 것
스나기모	砂ぎも	닭의 모래주머니를 꼬치에 꿰어 구운 것
난코쯔	軟骨	닭의 가슴과 무릎의 물렁뼈를 꼬치에 꿰어 구운 것

소개메뉴

사케 1홉(180ml) ················· 700엔 ～ ｜ 야끼토리 단품 焼き鳥単品 ··········· 450엔

야끼토리 코스 焼き鳥コース ·· 6,350~7,500엔

드라이카레 ドライカレー ·· 850엔

점포안내

점포명	긴자토리시게 銀座鳥繁
주소	東京都中央区銀座 6-9-15
TEL	+81 3-3571-8372
영업시간	월～금 11:30~14:00, 17:00~22:00
	토(둘째, 넷째 토요일만 영업) 11:30~14:00, 17:00~22:00
정기휴일	일요일 · 축일
평균예산(1인)	런치 2,000엔~3,000엔 ｜ 디너 8,000엔~10,000엔
참고 URL	https://tabelog.com/kr/tokyo/A1301/A130101/13002619/

※ 메뉴와 가격은 2023년 6월 현재 기준입니다. 메뉴와 가격은 변동될 수 있다는
   점을 양해해 주시기 바랍니다.

점포안내

구글지도

자료참조

- 토리시게 홈페이지 https://www.torishige.jp/
- 세계 야끼토리당 世界焼 き 鳥党『合類日用料理抄』http://yakitori party.com/chishiki/
- 『먹거리 기원 사전』오카다 테츠 (岡田 哲), 東京堂 출판 2003년 5월 10일 455p
- 네이버 지식백과 야키토리
  https://terms.naver.com/entry.nhn?docId=2094373&cid=42717&categoryId=42718

080 일본 도쿄 백년 맛집 탐구생활

창업 1934년
비어홀 라이온 긴자나마쵸메점(ライオン銀座七丁目店)

　　도쿄역에서 치바(千葉) 방면으로 향하는 JR 선 급행 전철을 타고 30여 분 거리의 츠다누마(津田沼)역에 내려, 삿포로 맥주의 무료 셔틀 버스를 타고 20여 분 이동하면, 삿포로 맥주 치바 공장이 있다.

　　맥주의 기본적인 지식을 알고 있어도 양조장을 직접 찾아가는 즐거움은 항상 색다르다. 재료에 대한 것이나 생산 과정에 관한 설명이 장황한 경우가 많은데, 삿포로 맥주 공장 견학에서는 한 가지 독특한 프로그램이 있다.

　　의례 공장견학은 생산공정을 한 번 휙 보고 시음이나 시식을 하며, 공장에서 바로 생산된 것을 먹거나 마시는 것이 일반적인데, 프로그램 마지막 부분에 맥주가 생산되어 소비자에게 전달되는 과정을 보여주는 영상을 보여 준다. 영상과 활기차고 웅장한 배경 음악이 매우 인상적이다. 놀라운 것은 배경 음악의 모든 소리가 악기로 연주된 것이 아니라, 보리밭, 맥주 공장과 유통과정에서 발생하는 잡음을 수집하여 편곡했다고 한다. 듣기 전에 설명을 들었지만 아마추어 일반인의

귀에는 도저히 잡음을 모은 것이라고 생각되지 않을 만큼 놀랍고 감동적이었다. 감동의 여운 탓인지, 그것이 걸치레이던 아니던 마지막의 맥주가 맛있게 느껴지는 건 사실인 것 같다. 삿포로 맥주 공장 견학의 마지막 부분에 보여주는 멋진 음향의 영상을 감상한 뒤에 맛보는 삿포로 맥주의 생맥주는 가히 천하 일품이라 칭해도 손색이 없다고 장담한다.

맥주 공장 견학은 참가 요금을 내야 하지만, 마지막에 시음하는 생맥주를 3잔까지 무료로 제공해 준다 (시음 제한시간은 30분 정도). 가족 동반으로 온 미성년자나 술을 못 마시는 방문객을 위해 음료수도 제공해 주기 때문에 참가 요금의 본전은 분명히 챙길 수 있다. 심지어, 견학이 끝나면 시중에 판매하지 않는 비매품 맥주 전용 잔을 기념품으로 준다.

삿포로 맥주는 일본에서 현존하는 가장 오래된 비어홀을 운영하고 있는 기업이기도 하다. 엄밀히 말하면, 자회사인 '삿포로 라이온'이 운영하는 '비어홀 긴자(銀座) 라이온'. 일본에서 가장 오래된 비어홀이다. '삿포로 라이온'은 1899년 8월 4일 일본 최초의 비어홀 '에비스 비어홀(恵比壽ビヤホール)'을 오픈하였으며 1918년에는 긴자에도 비어홀을 오픈했었다. 역사의 흐름 속에 모두 소실되고 현재 남아있는 가장 오래된 비어홀이 1934년 오픈한 '긴자나마쵸메(銀座七丁目)'점이라고 한다.

일본 최초의 비어홀 외경
(※사진출처 - 에비스 맥주 기념관 전시 사진을 찍은 것)

건물 바깥쪽 모습은 시대의 변천과 더불어 변화하였지만, 가게 안으로 한 발 들어가면 1934년 당시의 모습이 남아 있다. 입구에 들어서서 멀리 정면으로 보

이는 글라스 모자이크는 오픈 당시의 작품으로 250가지 색깔의 글라스를 사용하였으며 높이 2.75m, 넓이 5.75m 나 되는 거대한 작품이다. 맥주 보리를 수확하는 귀부인들과 행복을 상징하는 아칸서스(Acanthus)꽃, 멀리 보이는 굴뚝은 에비스 맥주 공장이라고 전해지고 있으며 고대와 현대가 뒤섞여 이상한 세상을 표현하고 있는 상서롭게 여겨지는 작품이다.

이것 외에도 9개의 작은 글라스 모자이크 작품이 벽면 곳곳에 장식되어 있다. 기둥 측면에 걸려있는 백열등 전구는 조명의 역할보다는 과거에 대한 향수와 애수를 자아낸다.

백열등 전구는 맥주의 거품을 이미지 하여 만들어진 것인데 이제는 만들 수 있는 장인이 없어서 복원이 불가능하다고 한다. 테이블이나 의자는 아마도 80여년전의 것은 아니겠지만, 세월의 흐름이 남긴 흔적이 역력하다. 삐걱거리거나 흔들리지 않는 것을 보니, 하나 하나 상당히 손질을 잘 하고 있음에 틀림없는 것 같다. 옆 테이블과 거리가 상당히 가깝지만 일반적인 이자카야와 달리 옆 사람의 목소리가 신경 쓰일 만큼 시끄럽지 않게 느껴진다. 아마도 높은 천정과 벽돌이 소리의 울림을 낮추어 주는 역할을 하는 것 같다.

불과 2시간 전에 공장 견학을 다녀오지 않았다면 침이 마르고 닳도록 맛있다고 칭찬을 했을 것이다. 사람의 미각은 참 간사하다고 생각된다. 공장 견학에서 맛본 신선함과 상쾌함의 여운이 아직 뇌리에 남아 있어서인지 감동의 레벨이 조금 낮게 느껴진 점은 거짓 없이 솔직히 표현하고 싶다. 같이 있던 그가 찬동을 하면서도 '어쩔 수 없다'라고 말하며 가득히 담긴 맥주를 벌컥벌컥 맛있게 비웠다. 맞다. 정말 신선한 맥주를 마시기 위해 항상 맥주 공장을 찾아 갈 수는 없는 노릇이지 않은가. '호강에 겨워서 요강에 ○○○는 소리'를 해서 죄송하다.

초리소 소시지

맥주가 맛있는 덕분에 특별한 안주가 눈에 띄지는 않았지만, '소시지'만큼은 아주 각별하게 느껴졌다. 주위를 둘러보니 대부분 소시지 접시가 보였다. 역시 다들 맛있는 건 공통으로 느끼는 것 같다. 종업원이 '로스트비프'가 막 구워졌다고 추천을 해 주었는데 불행히도 이미 배가 불러서 다음을 기약할 수밖에 없었던 게 아쉬웠다. 월요일에서 토요일에는 17시와 19시 30분, 일요일과 국경일에는 15시와 19시에 갓 구운 '로스트비프'를 제공해 주는데 이 걸 노리고 시간 맞추어 찾아오는 단골이 많을 만큼 인기 메뉴라고 한다.

소개메뉴

각종 맥주 ·················· 730엔~ │ 초리소 소시지 チョリソーの鉄板焼き ············ 990엔

긴자 로스트비프 銀座ローストビーフ·· 1,958엔

점포안내

점포명	비어홀 라이온 긴자나마챠메점 ビヤホールライオン銀座七丁目店
주소	東京都中央区銀座 7-9-20 銀座ライオンビル 1F
TEL	＋81 3-3571-2590
영업시간	월~목 · 일 11:30~22:00 금 · 토 · 축일 11:30~22:30
정기휴일	연중무휴
평균예산(1인)	3,000엔~6,000엔
참고 URL	https://tabelog.com/kr/tokyo/A1301/A130101/13060180/

※ 메뉴와 가격은 2023년 6월 현재 기준입니다. 메뉴와 가격은 변동될 수 있다는 점을
양해해 주시기 바랍니다.

점포안내

구글지도

창업 1947년
이자까야 - 사케노아나(酒の穴)

긴자(銀座)는 유행에 민감하고 변화가 빠른 쇼핑의 천국으로 미츠코시, 긴자식스 등 아홉 개의 대형 백화점과 초일류 명품 대리점이 즐비하다. 관광객을 비롯해 일본 내국인도 끊임없이 찾는 도쿄의 명소. 언뜻 화려함만 보일 수 있는 이 거리에도 카레, 함박스테이크, 파스타, 라멘, 소바, 우동, 등등 수많은 장르의 소박한 전문점들이 구석구석 자리를 메우고 있다. '사케노아나(酒の穴)'는 다양한 종류의 사케를 구비하고 안주가 맛있기로 정평이 나 있는 이자까야다. 길가에 접한 쇼윈도에 사케가 진열되어 있는 것을 보고 얼핏 이자까지임을 짐작할 수 있지만, 막상 가게의 입구나 간판은 명확히 인지할 수 없기 때문에 그냥 지나가다가 우연히 들리기는 쉽지 않은 가게다.

미닫이 문을 오른쪽으로 밀어서 가게 안으로 발을 들이면 왼쪽에는 흡연석의 테이블이 마련되어 있다. 오른쪽으로 시선을 돌려 안쪽으로 들어서면 벽면 가득

슈캉키(酒燗器, 사케를 데우는 전용기구)

사케가 가득한 냉장고가 보이고 그 앞으로 카운터 좌석이 마련되어 있다. 카운터를 지나면 테이블이 마련되어 있어서 상당히 길쭉한 타입의 가게임을 알 수 있다.

벽면 냉장고를 가득 채운 사케는 무려 100 종류가 넘는다. 위로는 북해도 (北海道)부터 아래로는 규슈(九州)지역까지 일본 전국의 유명한 사케가 구비되어 있다. 상시로 구비된 명주를 비롯해 계절 한정이나 특별한 기념주가 있는 경우도 있다고 한다.

무엇보다 가장 큰 특징은 모든 테이블에 놋쇠로 만들어진 슈캉키(酒燗器, 사케를 데우는 전용기구)가 붙박이로 고정되어 있다. 아쯔캉(熱燗)으로 부탁하거나 누루캉(ぬる燗)으로 주문해서 온도가 원하는 만큼이 아니라는 불평을 할 필요가 없는 아주 편리한 도구다. 일본 전국을 돌아다니면서, 아니, 적어도 도쿄에서 돌아다녔던 이지까야에 '붙박이 슈캉키'가 있는 곳은 '사케노아나'가 유일하다. 처음에는 오래돼서 사용하지 않고 그냥 모양으로 놓아 둔 것이 아닐까라고 의심했는데, 전기식으로 영업시간 내내 언제든지 사케를 데울 수 있는 상태를 유지하고 있다.

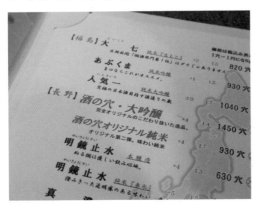

【나가노】酒の穴・大吟醸　사케노아나・다이깅죠
酒の穴オリジナル純米　사케노아나 오리지널 쥰마이

'붙박이 슈캉키'와 더불어 더욱 더 나를 놀라게 한 사실은 가게 오리지널 OEM 사케가 나가노현(長野県)의 오오사와주조(大澤酒造)에서 생산하는 메이쿄시스이(明鏡止水)였다는 것이다. 메이쿄시스이 브랜드는 온화하면서도 맑고 투명한 느낌을 주는 특징을 가지고 있는 사케이며 사케 애호가에게는 나가노현의 명주로 널리 알려져 있다. 이런 명주가 와인으로 비교하자면 가게의 테이블 와인 같은 자리매김으로 메뉴에 있다는 사실만으로도 사케노 아나에 구비된 사케의 퀄리티가 얼마나 높은 것인지 짐작할 수 있다. 퀄리티가 높다면 당연히 가격도 비쌀 것이라고 짐작하겠지만, 의외로 착하다. 반대로 땅값 비싸기로 유명한 긴자에서 이런 가격이 적정한 것인지 조금 걱정 될 만큼 리즈너블하다.

오토시(お通し, 자리세를 겸한 기본 안주)

크림치즈 사이쿄쯔케
(西京漬け,사이쿄 미소에 절인 크림치즈)

고보오 카라아게(우엉튀김)

이카마루보시(イカ丸干し,반건조 오징어)

    요리는 특별히 또는 '반드시'라는 등의 부사를 붙여 추천할 필요는 없다. 굳이 싫어하는 재료이거나 알레르기 때문이 아니라면 사케 안주로 다 맛있다고 생각한다. 고급 카이세키(懷石) 요리 전문점의 계열 점포이기 때문에 여느 이자까야와는 달리 많은 정성이 담긴 요리이다.

    이것저것 사케를 즐기는 도중에 물을 달라고 부탁하였더니, 역시나 기대했던 대로 시코미미즈(仕込水)를 내어주는 것이 아닌가. 그것도 명주 메이쿄시스이의 물이다. 와인에서 이것과 저것은 잘 어울린다라고 할 때 흔히 '마리아쥬'를 사용하는데 사케를 마실 때 마시는 물로서 시코미미즈는 최상의 것이다. 같은 양조장의 사케와 시코미미즈는 그야말로 금상첨화라고 할 수 있다. 사케 전문점으로서 빈틈없이 뛰어난 서비스를 제공받을 수 있는 멋진 장소라는 것을 새삼 느낄 수 있었다. 이런 사케 전문점에서 물을 부탁할 때는 '야

시코미미즈(仕込水) - 야와라기(和らぎ)

와라기 구다사이(和らぎ下さい)'라고 해 보실 것을 추천한다. '야와라기(和らぎ)'는 위스키와 같은 독한 술을 마실 때 내어주는 체이서와 같은 의미이다. 일반 이자까야에서는 사케에 대한 지식을 충분히 갖춘 종업원이 많지 않기 때문에 통하지 않을 가능성이 다분히 있는 용어이지만, 사케노아나에서는 주저하지 말고 조금 근사하게 '야와라기 구다사이'를 자신감 있게 말해 보시라. 사케가 한결 맛있게 느껴질 것이다.

※사진은 사카모코 마스터의 허락을 받고 찍은 것임

┃ 용어 설명 -시코미미즈(仕込水)

　　　시코미미즈(仕込水)는 사케를 빚을 때 사용하는 천연 지하수를 말하는 용어다. 도구를 씻거나 청소를 하거나 할 때도 사용하지만 주로 사케의 담금용으로 많이 사용된다. 사케 성분에서 가장 많은 비중을 차지하는 것은 바로 물. 알코올 도수 15도 사케의 성분비율은 알코올이 15%이며 물은 84.9999...%정도이다. 나머지 0.0000...%는 맛을 좌우하는 다른 성분이다. 따라서 어떤 물을 사용하는가에 따라 사케의 맛과 특징이 크게 달라진다고 해도 과언이 아니다. 심지어 같은 동네의 양조장이라 하더라도 자리가 조금만 달라지면 그 특징이 달라진다고 할 정도로 사케에 있어서 물의 특징은 아주 중요한 것이다.

일본어를 하실 수 있는 분은 망설이지 마시고 '사카모토(坂本)' 마스터에게 사케를 부탁해 보시라. 아주 친절하며 자세하고(아주 아주 상세하게) 멋지게 잘 설명해 주신다. 장담은 못하지만, 어쩌면 메뉴에 없는 아주 희귀한 사케를 만나는 특별한 경험도 하게 될 지도 모른다.

소개메뉴

사케노아나 · 다이깅죠 酒の穴 · 大吟醸 1홉(180ml) ··· 1,450엔

사케노아나 오리지널 쥰마이 酒の穴オリジナル純米 1홉(180ml) ························· 930엔

오토시(자리세를 겸한 기본 안주)お通し 계절 · 시기에 따라 변경 이카마루보시 イカ丸干し··· 900엔

크림치즈 사이쿄쯔케 クリームチーズ西京漬け ······································· 830엔

고보오 카라아게 ゴボウ唐揚げ ·· 630엔

점포안내

점포명	사케노아나 酒の穴
주소	東京都中央区銀座3-5-8銀座らん月 B1F
TEL	+81 50-5868-1317
영업시간	런치 11:30~16:00 디너 16:00~23:00 1/2~1/3은 12:00~21:00
정기휴일	연중무휴(단, 1월 1일 휴무)
평균예산(1인)	런치 1,000엔~2,000엔 │ 디너 6,000엔~8,000엔
주의	별도 10% 서비스료 부가
참고 URL	https://tabelog.com/kr/tokyo/A1301/A130101/13002491/

※ 메뉴와 가격은 2023년 6월 현재 기준입니다. 메뉴와 가격은 변동될 수 있다는 점을 양해해 주시기 바랍니다.

점포안내

구글지도

▌임시 이전점포안내(※4년 정도 임시 영업 예정.)

이전한 점포에서도 본래 가게 분위기를 잘 재현하고 있다(2023년 7월 1일 방문).

점포안내

점포명	사케노아나 酒の穴
주소	東京都中央区銀座 3-3-1 ZOE 銀座 5F
TEL	+81 3-3567-1133
영업시간	평일 런치 12:00~15:30 디너 17:00 ~22:30 | 토 · 일 · 축 12:00~21:00
정기휴일	부정기 휴무
평균예산(1인)	런치 1,000엔~2,000엔 | 디너 6,000엔~8,000엔 * 별도 10% 서비스료 부가
참고 URL	https://tabelog.com/kr/tokyo/A1301/A130101/13286727/

점포안내   구글지도

창업 1968년
이자까야 - 산슈야(三州屋)

    어느 시골의 한적한 역 앞에 있을 법한 허름한 입구의 가게가 긴자(銀座) 뒷 골목에 있다. 큰 길가의 대형 건물들은 21세기에 들어 속속들이 새로운 모습으로 단 장하기 바쁜데, 한 걸음 골목으로 접어들면 20세기 중반의 모습이 아직도 이 대도시 가운데에 남아 있다는 것이 참 반갑다. 아마도 내가 20세기에 태어난 사람이기 때문 일 터이지만, 나와 같은 향수를 느끼는 사람이 아직은 주변에 적지는 않은 것 같다.

　긴자(銀座)점에 앞서 1964년에 창업한 본점이 카마타(鎌田:시나가와 아래쪽의 변두리)역 인근에 있지만, 요코하마(横浜) 방면으로 퇴근하는 길이 아니라면 도심에서 일부러 찾아 가기에는 불편한 점이 있기 때문에 역시 도심에서 일을 마치고 가는 길에는 긴자점이 최고다. 가게의 분위기는 고독한 미식가가 좋아할 만한 곳이지만, 이미 유명한 곳이라 새삼 주인공 '이노가시라 고로'가 발품을 팔아서 찾아오지는 않을 것이다.

　테이블은 마주 앉으면 50cm 정도의 간격이며, 한창 붐빌 때는 일면식도 없는 옆사람과 어깨가 부딪치면 앉아야 할 만큼 작고 비좁다. 테이블 상판은 새로 단장했는지 뽀시시하고 깔끔하지만, 시선을 아래로 내려보니 다리는 수많은 사람들의 발길에 의한 무수한 상처가 있다. 일반적인 이자까야라면 점원이 주문을 재촉하기 마련이지만, 신경 쓸 겨를이 없을 만큼 바빠서 인지 다급히 주문을 받으러 오지는 않는다. 그렇다고 불친절하거나 불쾌감을 주지는 않는다. 조금 대응이 느리다고는 할 수 있지만, 이것저것 질문을 해도 흔쾌하고 다정하게 설명을 해 준다. 최근에 인기있는 지자케(地酒:지역의 소규모 양조장에서 빚는 고급 사케의 총칭)를 한 두어 종류 놓아 둘 법도 한데, 여전히 20세기 중후반의 스타일대로 아주 대중적인 특정 대형 양조장의 사케뿐인 것이 아쉽기도 하지만, 이 것도 매력이라고 할 수 있을 것이다. 안주를 주문하다 주위를 둘러보면 공통적인 특징을 금세 알 수 있다. 대개 엇비슷할 수는 있겠지만, 개개의 취향에 따라 주문하는 술과 안주에 차이가 있기 마련이다.

　　산슈야에서 단 한가지, 거의 모든 손님이 주문하는 것. 토리도우후(鳥豆腐)다. 메뉴에는 니모노(煮物:조린 요리) 분류에 있어서 헷갈리지만, 국물이 많다. 언뜻 보기에 국물 위에 기름기가 많아 보이지만, 한 모금 먹어 보면 놀랄 만큼 깔끔하다. 가츠오부시(가다랑어를 말린 가공품)와 닭고기에서 우러난 감칠맛의 조화가 참으로 뛰어나다. 쑥갓이 올려져 있는 유래는 알 수 없지만, 부드러운 닭고기, 두부에 뒤지지 않는 존재감을 과시한다. 먹음직하게 보이게 하기 위한 장식처럼 보이지만, 입 안에서 뿜은 산뜻한 향의 여운이 인상적이다. 안주로 싱싱한 생선의 사시미(刺身)도 좋지만, 마쿠로누타(まぐろぬた:참치회를 미소(味噌)로 만든 초장에 버무린 회무침)를 추천한다. 미소의 구수한 맛과 식초의 산뜻함이 어우러진 양념이 색다르기도 하지만, 자극적이지 않아 사케의 안주로 참 좋다.

타루자케

아사리사카무시(바지락 조림)

마구로누타

찾아 갔다가 헛걸음하지 않을까 하는 불안을 가질 수 있지만, 염려하지 마시라. 회전율이 비교적 빠르다. 긴자에서 20세기 중반의 아늑한 분위기를 맛볼 수 있는 곳도 이제 그리 흔치 않은 것 같다.

소개메뉴

병맥주 ·· 800엔 ｜ 타루자케 樽酒(300ml) ····················· 1,450엔

토리도우후 鳥豆腐 ···················· 580엔 ｜ 아사리사카무시 あさり酒蒸し ············· 700엔

마구로누타 まぐろぬた ············· 750엔

점포안내

점포명	대중갓포 산슈야 긴자점 大衆割烹 三州屋 銀座店
주소	東京都中央区銀座 2-3-4
TEL	+81 3-3564-2758
영업시간	월~토 10:30~22:00(토요일은 21:00)
정기휴일	일요일, 축일
평균예산(1인)	런치 1,000엔~2,000엔 ｜ 디너 4,000엔~5,000엔
주의	신용카드 사용불가
참고 URL	https://tabelog.com/kr/tokyo/A1301/A130101/13002473/

※ 메뉴와 가격은 2023년 6월 현재 기준입니다. 메뉴와 가격은 변동될 수 있다는
　점을 양해해 주시기 바랍니다.

간단 '사케 기초' ②
쌀을 많이 깎은 고급 사케

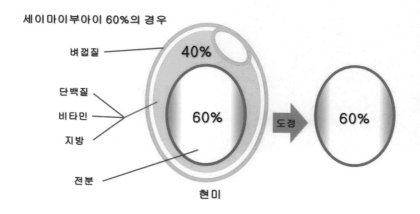

세이마이부아이 60%의 경우

벼껍질 — 40%

단백질
비타민 — 60%
지방

전분 —

현미

도정 → 60%

세이마이부아이는 현미를 기준으로 깎아내고 남아 있는 비율을 표시
※이미지참조 SAKETIMES (https://en.sake-times.com)

　'주조호적미(酒造好適米)'는 일반적으로 우리가 밥을 지어먹는 멥쌀보다 단백질, 비타민, 지방 등의 성분이 적기는 하지만, 쌀 표피 부분에는 이런 영양성분이 있다. 유감스럽게도 이런 영양성분은 깔끔하고 은은한 향을 가진 사케를 빚기에는 부적합한 성분이다. 이들 영양성분은 텁텁하거나 무거운 느낌을 주는 요인이 되며, 변질을 쉽게 유발시키는 요인이 되기 때문이다. 때문에 고급 사케의 경우, 영양성분을 제거하고 가급적 순수한 전분을 얻기 위해 쌀을 깎아 내는 작업을 가지게 되며, 깅죠슈(吟醸酒)를 칭하는 특정명칭주는 반드시 40%이상을 깎아 내도록 되어있다. 세이마이부아이((精米步合)는 현미를 기준으로 깎아내고 남아 있는

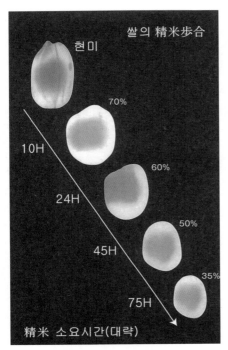

쌀의 精米步合

현미

70%

10H

60%

24H

50%

45H

35%

75H

精米 소요시간(대략)

일본주 강좌 ss1공인 '일본주학 강사회' 감수,
2015. 04. 01. 개정
(정미 소요시간 추가 사케 오타쿠 작성)

비율을 표시하며, 적은 숫자일수록 높은 세이마이부아이 비율이라고 표현한다. 일부 고급 사케에서는 높은 세이마이부아이 비율을 라벨에 표시하여 소비자를 눈길을 끌기도 한다. 유명 제품 중에는 38%, 23% 등을 표시한 시리즈 제품이 있기도 하다.

쌀은 깎는 도정기술의 발전은 고급 사케를 빚을 수 있게 하는 중요한 요소라고 할 수 있다. 한 가지 주의할 점은 세이마이부아이가 높다고 해서 맹신적으로 좋은 사케라고 생각하는 것은 삼가주시기 바란다. 영양성분이 많으며 전분성분이 적고 외각부분이 아주 단단한 성질을 가진 쌀을 많이 깎았다면, 당연 높은 세이마이부아이를 칭할 수 있지만, 반드시 좋은 사케라고 분류하기에는 어려운 제품도 있기 때문이다. 세이마이부아이는 고급 사케를 구별하는 한 가지의 요소이지 절대적인 수치가 아니다.

스스로도 반드시 '세이마이부아이가 높은 것 = 좋은 사케' 아니다라고 말하면서도 늘 신경이 쓰이는 부분이다. 몇 전까지는 설마 1%대의 사케가 만들어질 것이라고 상상도 하지 못 했다. 더구나, 1%미만은 어림도 없는 일이라고 여겼는데…. 실제로 제품이 있다. 소량의 한정 판매로 쉽게 구입하지는 못 하지만, 반드시 맛을 보고야 말겠다는 의지가 있다면 실현은 가능하다. 나도 언젠가는 맛보게 될 거라고 기대하고 있다.

타테노카와 쥰마이다이깅죠 코묘

● 타테노카와 쥰마이다이깅죠 코묘 데와산산 楯野川純米大吟醸 光明 出羽燦々

쌀　야마가타현 데와산산(出羽燦々) 100%	
세이마이부아이(精米歩合)	1%
효모　야마가타KA, 협회1801호	
알코올 도수	15도
일본주도	-2
산도	1.4
아미노산도	0.5
가격 720ml	132,000엔(소비세포함)

● 타테노카와 쥰마이다이깅죠 코묘 야마다니시끼 楯野川純米大吟醸 光明 山田錦

쌀　효고현 야마다니시끼(山田錦) 100%	
세이마이부아이(精米歩合)	1%
효모　야마가타KA, 협회1801호	
알코올 도수	15도
일본주도	-2
산도	1.3
아미노산도	0.6
가격 720ml	242,000엔(소비세포함)

레이쿄 – 앱슬루트 0 –

● 레이쿄 앱슬루트 0 (零響 Absolute 0)

쌀	쿠라노하나(蔵の華)
세이마이부아이(精米歩合)	0.85%
효모	자사효모
알코올 도수	16
일본주도	±0
산도	1.4
아미노산도	0.6
참고가격 500ml	407,597엔(소비세포함)

자료참조 _____

- 「일본에 사케 마시러 가자」 김성수 J&jj 출판사 2018년 4월 10일 115p~119p

신바시
SHIMBASHI
新橋

창업 1791년
소바 – 시바다이몬 사라시나누노야(芝大門 更科布屋)

조죠지(增上寺)는 에도시대에 아사쿠사(浅草)의 센소지(浅草寺)와 버금 갈 만큼 인기 높은 절이었다고 한다. 지금도 유명한 절이기는 하지만, 산문을 나와 지하철역으로 향하는 길가에 일반 관광객을 위한 기념품 가게나 음식점, 유락시설이 없어 그 옛적의 번화한 모습은 찾아 볼 수가 없다.

1791년 창업한 소바 가게 '시바다이몬 사라시나누노야(芝大門 更科布屋)' 는 에도시대에 조죠지를 찾는 참배객에게 인기 높은 가게였다고 한다. 아사쿠사의 센소지 같이 관광객으로 붐비는 상점 거리가 남아 있었다면 노포다운 분위기를 발산하는 다른 모습이었지 않을까 생각되지만, 아쉽게도 외관으로는 노포다운 모습을 찾을 수 없다. 오피스 건물 1층과 2층에 위치한의 현재의 외관은 그냥 동네에 있을 법한 소바 가게다. 과거 3년간 인근에 살면서도 한 번도 들어가 보지 않았는데, 지금 돌이켜 보면 참 아쉽기 짝이 없다.

시바다이몬 사라시나누노야에는 니하치소바(二八蕎麦, 소바 80%, 밀 20%), 키코우치소바(生粉打ち蕎麦, 소바 100%)와 3종류의 계절 카와리소바(変わり蕎麦)로

항상 5종류의 소바가 메뉴에 있다. 장국은 단맛이 짙고 묵직한 느낌을 주며, 우마미의 여운을 즐길 수 있게 해주는 에도시대 당시의 맛을 이어오고 있는 것 같다.

계절마다 소바의 종류가 달라지는 즐거움도 있지만, 소바를 이용한 창작 메뉴도 있다. 일반적으로 두부를 가지고 만드는 '아게다시(揚げだし)'를 소바로 만들어 주며, 소바를 비스킷처럼 넙적하게 튀겨내어 명란젓·크림치즈를 올려 먹는 '소바이타카나페'도 사케 안주로 아주 좋다.

┃ 시바다이몬 사라시나누노야의 계절에 따른 카와리소바

1월	唐辛子切り	고추	7월	笹切り	대나무 잎
2월	梅切り	매실	8월	青柚子切り	풋 유자껍질
3월	桜切り · 茶そば	사쿠라 · 차	9월	生姜切り	생강
4월	よもぎ切り	쑥	10월	菊切り · 卵切り	국화 · 달걀
5월	山椒切り	산초	11월	青海苔切り	파래
6월	しそ切り	자소 (紫蘇)	12월	柚子切り	유자껍질

산쇼쿠소바(三色そば, 카와리소바 2종류 + 사라시나소바)

소바이타카나페(そば板カナッペ)

아게다시소바토후(揚げだしそば豆腐)

사케 1홉(180ml) ·············· 700엔~

산쇼쿠소바 三色そば ········· 1,000엔 │ 고젠사라시나소바 御前さらしなそば ········· 850엔

아게다시소바토후 揚げだしそば豆腐 ··· 700엔 │ 소바이타카나페 そば板カナッペ ··· 600엔

점포안내

점포명	시바다이몬 사라시나누노야 芝大門 更科布屋
주소	東京都港区芝大門 1-15-8
TEL	+81 50-5869-4651
영업시간	11:00~21:00(토요일은 20:00까지, 일·축일은 19:00까지)
정기휴일	연중무휴(단, 연말연시는 휴무)
평균예산(1인)	런치 1,000엔~2,000엔 │ 디너 2,000엔~3,000엔
주의	신용카드 사용불가
참고 URL	https://tabelog.com/kr/tokyo/A1314/A131401/13001522/

※ 메뉴와 가격은 2023년 6월 현재 기준입니다. 메뉴와 가격은 변동될 수 있다는 점을 양해해 주시기 바랍니다.

점포안내　구글지도

창업 1872년
소바 - 오사카야 스나바 본점(大阪屋砂場 本店)

　에도시대부터 이어지는 도쿄 3대 소바. 야부(藪), 사라시나(更科), 스나바 (砂場). 이 중 가장 오래된 것으로 알려져 있는 것이 스나바(砂場)이며, 발생의 루 트는 오사카(大阪)라고 한다. 오사카성을 축성하기 위해 자재를 보관하던 공사장 중, 스나(砂, 모래)를 보관하던 곳에 소바 가게가 있었던 것이 가게 이름의 유래이 며, 지금도 오사카의 신마치미나미공원(新町南公園)에 스나바 발생의 석비가 세 워져 있을 만큼 역사가 있다.

　　오사카야 스나바(大阪屋 砂場)가 있는 토라노몬(虎ノ門) 일대는 도심 재
개발이 활발한 지역으로 2020년의 도쿄 올림픽 · 파라림픽을 앞두고 재개발에 박
차를 가해, 변화의 속도가 한층 빨라졌었다. 2014년 착공을 시작한 지하철 토라노
몬힐즈역도 올림픽 개막에 맞추어 빠르게 완성되었다. 우후죽순처럼 들어서고 있
는 주위의 고층 빌딩과 어울리지 않는 분위기를 자아내고 있는 오사카야 스나바
본점의 지금 가게는 1923년 지어진 것으로 일본 국가 '등록유형문화재(登録有形
文化財)' 건축물로 지정된 유서 있는 건물이다. 수많은 차량이 왕래하는 대로변에
있음에도 불구하고 '오사카야 스나바'의 건물에서는 고요한 아우라가 느껴지고 마
치 다른 차원의 공간에 있는 듯한 착각이 든다.

　　　몇 년 전 먹는 것을 아주 좋아하는 친구에게 스나바를 맛 보이기 위해 찾아
갔다가 낭패를 본 적이 있다. 방문일이 5월의 셋째 토요일이었는데 당일 가게가 휴
무였던 것이다. 어쩔 수 없이 발을 돌려 칸다(神田)로 이동하여 '칸다 야부소바'와
'칸다 마츠야'를 맛 보이며 사전 조사가 미비했던 점에 대해 양해를 구했던 일이 있
었다. 나중에 알고 보니, 매월 셋째 토요일은 지정 휴일이었다. 친구야 미안했다. 그
래도 '칸다 야부소바'와 '칸다 마츠야'의 소바도 엄청 맛 있게 먹었던 기억이 있다.

하마구리소바

왼쪽 - 사쿠라 잎
오른쪽 - 사쿠라 꽃잎을 넣은 소바(봄철)

사케와 콘부노츠쿠다니(昆布の佃煮다시마 장조림)

　　당일 친구와 먹으려고 계획하고 있던 소바가 '하마구리소바(はまぐりそば 대합조개)'. 일본에서 하마구리의 제철은 2월에서 4월 사이지만 제철 구분 없이 언제든지 즐길 수 있다. 두툼한 육질을 가진 하마구리의 만족감이 뛰어나다. 하마구리에서 우러난 조개 특유의 감칠맛과 가게 비전(秘伝)의 장국 맛이 어우러져 국물이 한층 농후하게 느껴진다. 오사카에서 유래된 맛이기 때문에 짙고 농후한 스타일의 도쿄의 장국에 비해 가벼운 느낌을 준다. 덕분에 첨가되는 재료의 맛을 더욱 선명하게 살려주는 이점이 있다고 생각한다. 계절에 따라 사쿠라(벗꽃), 연근 같은 것을 넣은 소바도 내어준다. 이왕 찾아 간 김에 정규 메뉴의 소바와 계절 메뉴 소바를 함께 즐기는 여유를 가져 보시라. 소바를 통해 이토록 계절을 강렬하게 느낄 수 있다는 소중한 경험이 될 것이다. 물론, 체중 변화에 대한 뒷감당은 책임 질 수 없다는 점 미리 양해 말씀 드린다.

　　알코올 음료를 주문하면 작은 종지에 안주 거리를 같이 내어준다. 요리가 나올 동안 아주 요긴한 안주이며 도쿄를 중심으로 한 다른 소바 가게에서는 대부분 미소로 조미한 것을 내어주는 것이 일반적이다. 오사카야 스나바는 특이하게도 콘부노츠쿠다니(昆布の佃 다시마 장조림)을 준다. 오사카에서 유래되었다는 흔적인 것 같다.

알코올 음료 메뉴

아무리 곰곰히 짚어 보아도 유서 깊은 소바 가게에서 이렇게 사케를 즐길 수 있는 가게는 생각나지 않는다. 으레 오래된 소바 가게의 사케 메뉴는 획일적인 곳이 많지만, 오사카야 스나바는 저렴한 사케와 더불어 그야말로 고급 사케가 구비되어 있다. 고급 사케의 가격도 인근의 긴자(銀座)나 신바시(新橋)와 달리 아주 아주 리즈너블하다.

소개메뉴

사케 1홉(180ml) ························· 820엔~ | 술 안주 酒の肴 ·········· 4000엔~2,210엔

하마구리소바 はまぐり蕎麦 ···· 2,050엔 | 모리소바 もりそば ··························· 880엔

사쿠라키리 桜切り(사쿠라소바) ·· 1,100엔

점포안내

점포명	오사카야 스나바 본점 大阪屋 砂場 本店
주소	東京都港区西新橋 1-10-1
TEL	+81 3-3501-9661
영업시간	월·화 11:00~20:00 수·목·금 11:00~21:30 토 11:00~14:00 ※토요일은 소바 소진까지
정기휴일	일요일 · 축일 · 매월 셋째 토요일
주의	신용카드 사용불가
평균예산(1인)	1,000엔~3,000엔
참고 URL	https://tabelog.com/kr/tokyo/A1308/A130802/13002143/

※ 메뉴와 가격은 2023년 6월 현재 기준입니다.
메뉴와 가격은 변동될 수 있다는
점을 양해해 주시기 바랍니다.

점포안내

구글지도

창업 1929년
이자까야 – 아키타야(秋田屋)

　　대학을 다닐 때, '아키타야(秋田屋)'가 있는 바로 옆 건물의 야기니꾸(燒肉)가게에서 3년 정도 아르바이트를 하며 인근에서 생활을 한 덕분에 동네에 대한 애착이 아직도 조금 남아있다. 근래에도 가끔 들르기는 하지만, 예전의 기억 속에 있던 거리의 모습은 대부분 사라져 아쉬움이 있다. 역 앞의 서점도 없어졌고, 즐겨 찾았던 우동 맛집이 사라진 걸 알게 되었을 때는 충격이었다. 물론, 아르바이트를 했던 가게도 이미 사라졌고 지금의 자리에는 전국구 규모의 체인점 가게들이 들어선지 오래다.

　　1929년 창업한 '아키타야(秋田屋)'만이 예전과 다름없이 고기 굽는 하얀 연기를 한껏 피어 올리며 그 자리를 지키고 있다. 변함없이 가게에는 손님들로 가득하다. 이 가게의 최고 명물은 돼지고기와 오돌 뼈를 다져 만든, '다타끼니쿠단고(たたき肉だんご)'이다. 고기를 다져 만든 함박 스텍을 꼬치구이로 먹는 느낌인데, 최고 인기 메뉴라 한 사람당 한 꼬치만 주문할 수 있다. 워낙 인기가 좋아서 회

다타끼니쿠단고

니코미

사원이 퇴근하며 들리는 6시 경에는 이미 품절되는 게 허다 하다.

　다타끼니쿠단고를 한 입 먹었을 때 뇌리에 꽂힐 만 큼의 인상은 없다. 또 하나의 명물 니코미(にこみ:소내장 조림)도 비슷하다. 우스개 소 리로 먹고 자리를 일어서 2시간 쯤 지나면 '아, 맛있었다'라는 생각이 든다. 그리 고, 또, 가게를 찾게 되며, 이전과 변함없이 눈이 따가운 자욱한 연기 속에서 또 같 은 메뉴에 한 잔의 사케를 걸치고 있는 자신을 볼 수 있다. 언제나 변함없이 그 곳 에 태연히 있는 '도쿄타워'. 마음이 차분해진다.

사케 1홉(180ml) ·························· 350엔~ | 니코미 にこみ ······················· 550엔

다타끼니쿠단고(다진고기 꼬치구이) たたき肉だんご ································· 220엔

점포안내

점포명	아키타야 秋田屋
주소	東京都港区浜松町 2-1-2
TEL	+81 3-3432-0020
영업시간	월~금 15:30~21:30 토 15:30~20:30
정기휴일	일요일 · 축일 · 제 3 토요일, 연말연시, 하기휴가
평균예산(1인)	2000엔~3000엔
주의	신용카드 사용불가
참고 URL	https://tabelog.com/kr/tokyo/A1314/A131401/13001499/

※ 메뉴와 가격은 2023년 6월 현재 기준입니다. 메뉴와 가격은 변동될 수 있다는 점을 양해해 주시기 바랍니다.

점포안내　구글지도

창업 1932년
오뎅 - 오타코(お多幸)

오뎅의 국물은 창업 때부터 이어져 오고 있다고 함.

　1932년에 창업한 '오타코(お多幸)'는 착한 가격이라서 부담 없이 즐길 수 있는 오뎅 전문점이다. 오후 4시부터 영업을 시작하기 때문에 이른 시간에 찾으며 비교적 쉽게 자를 차지할 수 있지만, 회사원들의 근무시간이 끝날 무렵부터는 줄을 서서 기다려야 할 만큼 인기가 높다. 오뎅뿐만 아니라 이자까야에 버금가는 요리들도 갖추고 있고 계절별로 조금씩 메뉴가 바뀌는 것도 큰 매력이라고 할 수 있다.

　오뎅은 30여 종 정도의 다양한 재료가 있기 때문에 취향에 따라 골라도 되지만, 12가지를 넣어주는 세트 메뉴도 있기 때문에 처음에는 세트 메뉴를 선택한 뒤, 하나씩 추가해도 좋다.

소개메뉴

사케 1홉(180ml) ·························· 540엔~ │ 오뎅 단품 おでん単品 ················ 240엔~

오뎅 니쵸모리(10개) 二丁盛 ····· 3,240엔

점포안내

점포명	오타코　お多幸
주소	東京都港区新橋 3-7-9 カワベビル B1F
TEL	+81 3-3503-6076
영업시간	월~토 16:00~22:00
정기휴일	일요일 · 축일 ※11월~2월까지는 축일에도 영업함
평균예산(1인)	5,000엔~6,000엔
참고 URL	https://tabelog.com/kr/tokyo/A1301/A130103/13007773/

※ 메뉴와 가격은 2023년 6월 현재 기준입니다. 메뉴와 가격은 변동될 수 있다는 점을
　양해해 주시기 바랍니다.

점포안내　　구글지도

자료참조

– 「일본에 사케 마시러 가자」 김성수 J&jj 출판사
　2018년 4월 10일 157p~163p

간단 '사케 기초' ③
사케의 4가지 타입 분류

사케의 4가지 타입 분류

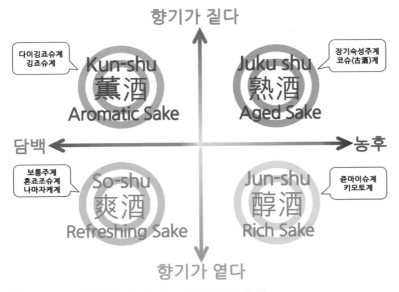

참조 : Master of SAKE(The Textbook for KIKISAKE-SHI) 96p

쌀, 누룩, 물로만 빚어진 사케는 지역과 각 양조장의 여러 요인의 영향을 받아 향기와 맛이 천차만별이다. 단순히 통계적으로 분류하기 어렵지만, '키키자케시(利き酒師:사케 소믈리에)' 협회에서는 소비자가 이해하기 쉽도록 크게 4가지로 타입 분류한다. 4가지 타입을 벗어나거나 복합적 요소를 가지는 사케도 있지만, 전체 비중은 소수이기 때문에 기초적인 4가지 타입만 숙지해도 무방하다고 생각한다.

쿤슈(Kun-shu) (薰酒) 향기가 강한 타입

● 화려한 향기 × 심플한 맛

꽃이나 과일을 연상케 하는 화려하고 달콤한 향을 가진 사케이다. 다이긴죠슈, 긴죠슈 타입, 갓 빚은 신슈(新酒)에서 많이 볼 수 있으며, 우마미의 여운이 길지 않고 입 속에서의 느낌은 깔끔하며 경쾌한 특징이 있다. 단맛은 짙은 것부터 깔끔한 것까지 여러 가지 타입이 있다.

소슈(So-shu) (爽酒) 경쾌하고 가벼운 타입

● 재료 본연의 향기 × 심플한 맛

싱싱한 푸른 야채, 대나무, 촉촉한 아침 이슬 등을 연상케 하는 타입의 사케로서 향기의 톤은 약한 편이다. 보통주, 혼죠조, 나마자케 타입에서 많이 볼 수 있으며, 신선하고 청량감이 있다. 곱게 간 쌀가루의 매끄러운 곡물 향기를 느낄 수 있고, 부드럽고 깔끔한 느낌이 특징이다.

쥰슈(Jun-shu) (醇酒) 감칠맛의 밸런스가 좋은 타입

● 재료 본연의 향기 × 감칠맛이 풍부

쥰마이, 키모토계 타입의 사케 등, 전통적인 사케의 특징이라고 할 수 있다. 주원료에서 유래되는 곡물의 향이 도드라진다. 때로는 갓 지은 밥, 떡, 때로는 식은 밥의 향기, 감자, 밤 등의 곡물향이 느껴진다. 쌀이 가진 본연의 감칠맛도 풍부하여, 묵직하게 혀끝을 감싸는 느낌도 비교적 강한 특징이다.

쥬큐수 (Juku-shu) (熟酒) 숙성 타입

● 복잡한 향기 × 복잡한 맛

　장기 숙성으로 짙은 갈색 또는 황금색을 띄는 사케이다. 건포도, 드라이망고 등의 드라이 후루츠, 인도 카레를 연상케 하는 스파이스 등의 복잡한 숙성향을 가지고 있으며, 단맛과 깊이가 있는 산미, 볼륨감 있는 감칠맛이 특징이다.

자료참조

－「일본에 사케 마시러 가자」김성수 49p~55p
　J&jj 출판사 2018년 4월 10일

롯본기
ROPPNGI
六本木

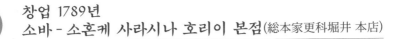

'소혼케 사라시나 호리이 본점(総本家更科堀井 本店)'의 창업은 에도(江戶)시대 1789년. 200년 이상의 전통을 가진 명문 소바 집이라고 소개하고 싶지만, 엄밀히 말하면 도중에 한 번 맥이 끊어진 적이 있다. 창업 당시의 상호는 '신슈 사라시나소바도코로 누노야타헤에(信州更科蕎麦処 布屋太兵衛)'이며 다이묘(大名, 영주)나 황실에서도 애용하는 유명한 소바 가게로 알려졌다고 한다.

당시 선물용으로 판매한 '아자부나가사카「사라시나」(麻布永坂「更科」) 소바'도 높은 평판을 받았으며 일본 각지에 '사라시나'를 칭하는 가게가 늘어난 것도 이 유명세를 빌리기 위한 것이었다는 설도 있다고 한다.

1930년대의 불황의 피해를 입어 1941년에 폐업한 후, 1944년 12월에 지금의 '아자부쥬방(麻布十番)'에서 다시 재건하게 되었다고 한다. 재건 당시 외부에서 영입된 사람들에 의한 내부 혼란이 발생하여 '나가사카 사라시나(永坂更科)'와 '누노야타헤에(布屋 太兵衛)'의 상표 등록은 남의 손에 전해지게 되었다고 한다. 자타가 공인하는 명실상부한 직계는「소혼케 사라시나 호리이 본점(総本家更科堀井本店)」이며, 아주 가까운 거리를 두고 지금도 나가사카누노야타헤에(永坂更科布屋太兵衛)와 아자부나가사카 사라시나 본점(麻布永坂更科本店)이 있다.

사라시나소바

도쿄를 대표하는 '에도 3대 소바'로 꼽는 '스나바(砂場)', '야부(藪)', 사라시나(更科)' 중에서 소바의 색깔을 비교했을 때 가장 두드러진 특징을 가지는 것이 '사라시나소바'이다. 가장 큰 특징이라고 할 수 있는 면은 눈처럼 하얗고 맑고 투명하다. 얼핏 보면, 국수를 올려 놓은 것 같이 보일 정도이다. 면을 한 가닥 집어 입술로 가져오니, 아기의 살결처럼 부드럽게 느껴졌다. 아련하고 약한 향기의 톤이지만, 목젖을 넘어 가려는 순간 소바 특유의 쓴맛과 고소함은 확실히 느낄 수 있다. 투박함을 배제한 기품 있고 세련된 느낌의 소바라고 생각한다. 장국도 다른 소바와 비교해 보면 간장 맛이 조금 옅고 살짝 단맛이 있고, 뒷맛은 아주 깔끔하다.

'사라시나소바'의 특징을 더욱 이해하기 위해서는 모리소바(もりそば)도 같이 시키는 게 좋다. 눈에 익은 검푸른 색깔만으로도 그 차이가 금방 알 수 있다. 사라시나소'가 없었다면 모리소바도 그 차제만으로 충분히 기품이 있다고 표현할

모리소바

계절 야채 3종 세트

수 있겠지만, 바로 옆에 두고 비교를 하게 되면 어쩔 수 없이 조금 거칠다거나 투박하다는 수식어를 붙일 수 밖에 없게 된다. 장국도 사라시나의 것과 비교해 간장맛을 좀 더 뚜렷하게 느낄 수 있다.

소바를 먹기 전에 이왕이면 제철의 야채로 만든 안주로 사케를 한 잔 여유롭게 즐기는 것도 좋다. 요리를 통해 계절을 느끼는 풍류가 점점 줄어가는 것이 아쉽지만, 이런 노포에서는 아직 계절을 즐길 수 있다.

록본기(六本木)와 가까운 지리적 위치 덕분에 외국인 관광객이 상당히 많이 찾아오는 것도 특징이라고 할 수 있다. 요리의 사진과 영어 설명이 있는 메뉴도 있고, 조금 연세가 있어 보이는 주인장은 유창하지는 않지만 능란하게 영어 주문을 받는 것이 보인다. 외국인 관광객의 경우, 사진으로 튀김이 먹음직스럽게 보이는 '텐푸라소바(天ぷらそば)'나 밥 종류가 붙은 세트메뉴를 주로 시키는 게 보였다. 물론, 충분히 소바를 즐길 수 있지만, 참 아쉽기 짝이 없다.「그대여 '사라시나소바'라는 것이 있다네」라고 알려주고 싶다.

소개메뉴

사라시나소바 さらしなそば ···················· 1,000엔 | 모리소바 もりそば ··········· 900엔

계절 야채 3종 세트 季節野菜三点盛り ······· 780엔 | 사케 1홉(180ml) ··········· 720엔~

점포안내

점포명	소혼케 사라시나 호리이 본점 総本家更科堀井本店
주소	東京都港区元麻布 3-11-4
TEL	+81 3-3403-3401
영업시간	11:30~20:30
정기휴일	연중무휴
평균예산(1인)	3,000엔~4,000엔
참고 URL	https://tabelog.com/kr/tokyo/A1307/A130702/13001226/

※ 메뉴와 가격은 2023년 6월 현재 기준입니다. 메뉴와 가격은 변동될 수 있다는 점을
양해해 주시기 바랍니다.

점포안내　　구글지도

참고 자료

– 소혼케 사라시나 호리이 본점(総本家更科堀井 本店) 홈페이지
　http://www.sarashina-horii.com/about/

창업 1789년
장어덮밥 - 노다이와 본점(野田岩本店)

큰 도로변에 내어져 있는 간판 '우나기(장어) 5대째 노다이와(うなぎ 五代目 野田岩)'를 보며 이 가게의 역사와 특징을 짐작할 수 있다. 5대째 이어지고 있다는 사실 하나만으로 벌써 기대를 할 수 있을 만큼의 내공을 가지고 있는 게 틀림없다. 도쿄에서 장어를 좋아하는 애호가(또는 미식가) 사이에서는 '노다이와'를 모르면 간첩이라고 할 만큼 유명한 집이다. 창업은 일본 연호로 '칸세이(寛政, 1798~1801년)' 무렵이라고 한다. 정확히 칸세이 몇 년이라는 기록이 없어 애매모호한 부분이지만, 다행히 이 칸세이는 12년간 정도이었기 때문에 창업 연도의 차이가 있다고 해도 오차범위는 12년밖에 안 된다고 볼 수 있다. 이미 200년을 훌쩍 넘긴 역사이기 때문에 12년 정도의 오차는 그다지 의미를 가지지 않는 시간이라고 볼 수 있을 것이다.

    긴자(銀座), 니혼바시(日本橋)에도 분점이 있지만, 역시 본점의 인기는 탁월하다. 나무를 기초로 한 실내 인테리어와 백열등 불빛 덕분에 포근함이 느껴진다. 상당히 이른 시기에 미리 연락을 하지 않으면 좀처럼 예약하기 어렵지만, 예약을 하지 못 한 경우라도 당일 방문하는 손님을 위해 일정 부분 테이블을 채우지 않고 남겨 둔다고 한다. 가게 문을 열고 들어 서면서 '예약하지 않았지만 자리가 있을까요?(予約はしてないですが、よろしいでしょうか (요야쿠와시테나이데스가 요로시이데쇼오카?))'라고 물어보면 친절하게 대기석으로 안내한 후, 테이블이 비는 차례대로 다시 안내를 해 준다. 물론, 제법 기다려야 한다. 노다이와(野田岩)의 장어는 제법 '호불호'가 엇갈린다. 단맛을 억제한 타레(たれ, 소스)는 간장 본연의 짠맛과 깔끔한 느낌이 도드라지기 때문에 가벼운 느낌을 준다. 일반적으로 조금 단맛의 부드러운 타레에 익숙하다면 조금 이질감을 느낄 수도 있다. 장어의 살코기 부분도 다른 가게에 비해 조금 얇다고 평을 받기도 하며, 우마미(감칠맛)를 느끼게 하는 기름기가 적어서 만족감이 부족하다고 말하는 미식가도 있다.

나카이레동(中入れ丼) 3,900엔 - 쯔케모노(야채절임)와 오스이모노(스프)가 세트

나카이레동 - 밥과 우나기가 2중으로 담겨 있음

우마키(鰻巻き)

반대로 기름기기 적어서 느끼하지 않고 단맛이 적기 때문에 먹고 난 후의 느낌이 깔끔해서 좋다는 평도 있다. 노다이와가 도쿄에서 200년 이상 이어지고 있는 것을 보면 전자보다 후자를 평하는 손님이 많기 때문이지 않을까. 적어도 나 또한 후자에 한 표를 줄 수 있다.

노다이와에만 있는 것은 아니지만, 밥 위에 장어를 올리고, 그 위에 다시 밥을 깔고 또 우나기를 올린 나카이레동(中入れ丼)은 장어덮밥을 먹는 즐거움이 한 층 더하다.

사전에 장어가 2 중으로 밥 사이에 깔려 있다는 것을 알고 있으면서도 먹는 도중, 밥 사이로 장어가 살며시 모습을 드러낼 때 묘한 기쁨을 느끼게 된다.

장어덮밥이나 코스에 포함되어 있지 않은 '우마키(鰻巻き)'는 반드시 시켜 드셔 보시라. 한 조각 620엔이라는 가격에 납득할 수 있다. 일반적인 계란 말이와는 비교할 수 없는 부드러운 감촉과 탄력이 있고 장어의 간장 소스가 적절히 어우러져 계란이 가진 본연의 고소함과 감칠맛을 동시에 즐길 수 있다. 애석하게도 우마키와 니코고리(煮こごり)는 이른 시간에 품절될 가능성이 높다고 한다. 자리에 앉자 마자 먼저 주문해 보시기를.

사케 1홉(180ml) ················ 770엔 | 코스 コース ························· 4,800엔~16,000엔

우나기덮밥 鰻重 ············ 3,500엔~8,000엔 | 나카이레동 中入れ丼 ············· 4,000엔

우마키 鰻巻き ························· 620엔 | 우나기노 니코고리 鰻の煮こごり ············· 700엔

점포안내

점포명	5대손 노다이와 아자부이이구라 본점 五代目 野田岩 麻布飯倉本店
주소	東京都港区東麻布 1-5-4
TEL	+81 3-3583-7852
영업시간	11:00~13:30	17:00~20:000
정기휴일	일요일 휴무	월요일 부정기, 하기휴가, 연말연시 등
평균예산(1인)	8,000엔~10,000엔 (※별도 10% 봉사료 부과)
참고 URL	https://tabelog.com/kr/tokyo/A1314/A131401/13002789/

※ 메뉴와 가격은 2023년 6월 현재 기준입니다. 메뉴와 가격은 변동될 수 있다는 점을 양해해 주시기 바랍니다.

점포안내　구글지도

창업 1875년
스시 - 오츠나스시(おつな寿司)

롯본기힐즈(ROPPONGI HILLS) 야경

미군 관계시설과 서구권 대사관이 가까운 위치에 있는 롯본기(六本木)는 외국인과 쉽게 접할 수 있는 클럽이 집중해 있은 곳으로도 유명했다. 버블 경기로 들 떠 있던 1980년대의 대형 디스코 클럽 '마하라자'는 아시아 전역에 그 이름을 떨칠 정도였다고 한다. 세월이 흘러 지금은 중소 규모의 클럽이 곳곳에 산재해 영업을 하고 있어서 금요일의 밤이 깊어지면 거리가 가장 활기 띤 모습을 보이게 된다. 평일이나 주말의 저녁 무렵에 찾으면 무언가 휘황찬란한 변화가의 이미지는 보이지 않고, '롯본기힐즈(ROPPONGI HILLS)'를 보면서 그냥 조금 높은 빌딩이 있는 곳으로 서울의 여느 번화가와 별 차이를 모를 거다. 롯본기힐즈가 들어서기 이전까지는 아기자기하고 낡은 단층주택이 즐비한 풍경이 많았던 곳이지만, 이제는 거의 예전의 풍경을 찾기가 어렵다. 일부러 중심지에서 벗어나 보면 일부의 골목이 몇 군데 남아 있기는 하지만, 관광으로 찾는 이들에게는 눈에 띄지 않는 장소이다.

　1875년에 창업한 오츠나스시(おつな寿司)는 '이나리즈시(いなり寿司, 유부초밥)로 유명한 노포다. '츠나(つな)'라는 한 여성이 '오츠나(おつな)'라는 조그마한 가게를 시작한 것이 출발이라고 한다. 유부를 뒤집어서 밥을 넣은 것이 당시에는 상당히 새로운 스타일로 크게 인기를 얻었다고 한다. 그로부터 140여 년간 오랫동안 롯본기에 터전을 잡고 지역주민에게 사랑 받으며 이어져 온 것이다. 지금의 건물은 2017년 6월 새로이 지어져 예스러운 멋은 없지만, 번잡한 간판이 주렁주렁한 주변의 건물과는 달리 깔끔하고 심플한 이미지로 노포로서의 위풍은 느낄 수 있다.

　입구에 들어서면 오른쪽에 테이크 아웃용으로 만들어진 도시락이 진열되어 있고 그 안쪽으로 계산 카운터가 마련되어 있다. 가게에 들어 가기 위해서는 정면에 있는 또 하나의 미닫이 문을 오른쪽으로 저치고 들어가야 한다. 50여석이 되지 않는 가게 안은 넓지도 않고 작지도 않은 적당한 규모이기 때문에 편안한 느낌을 주는 공간이다. 장소 때문이겠지만, 하얀 와이셔츠에 넥타이를 맨 샐러리맨이 눈에 뜨이는 것으로 보아 비즈니스 이용을 목적으로 손님이 많은 편이고, 인근의 멋쟁이 할머니들이 제법 오시는 것 같다.

특상(特上) 스시 세트 3,710엔

런치 세트에는 이나리즈시가 한 피스가 올려져 있고, 스시 세트에는 포함되어 있지 않기 때문에 추가로 주문해도 된다. 스시는 샤리(밥)양이 조금 적고, 해산물의 선도와 맛은 훌륭하다. 이나리즈시의 밥은 쫀득쫀득하게 탄력이 있다. 유자 껍질을 넣어서 상쾌한 향이 입 안 가득 퍼지게 되고 살짝 달콤하고 간장의 짭조름한 감칠맛이 잘 어우러져 있다. 웬만한 이나리즈시는 단맛 때문에 몇 개 먹으면 질리는 경향이 있는데, 상당히 다르다. 먹어도 먹어도 잘 질리지 않는다. 입구 앞에서 판매하는 이나리즈시 도시락을 구입해서 인근의 공원 벤치에 앉아 먹어도 좋을 것 같다.

입구에 있는 도시락 모형 진열대

'오츠나'의 이나리즈시

소개메뉴

사케 1홉(180ml) ·················· 860엔~ │ 이나리즈시 いなり寿司 ··············· 1,160엔~

런치 스시 세트 ランチセット ··· 1,380엔~

디너 오마카세코스 夜 おまかせコース ·· 6,930엔~

점포안내

점포명	오츠나스시 おつな寿司
주소	東京都港区六本木 7-14-4 1F
TEL	+81 3-3401-9953
영업시간	월~금 11:30~21:00 │ 토 · 축 11:30~21:00
	일 10:00~13:00(이나리즈시 도시락만 판매)
정기휴일	연중무휴
평균예산(1인)	런치 1,000엔~2,000엔 디너 6,000~8,000엔
참고 URL	https://tabelog.com/kr/tokyo/A1307/A130701/13016610/

※ 메뉴와 가격은 2023년 6월 현재 기준입니다. 메뉴와 가격은 변동될 수 있다는 점을
   양해해 주시기 바랍니다.

점포안내

구글지도

참고 자료 _____

– 오츠나스시(おつな寿司) 홈페이지
  http://www.otsuna-sushi.com/index.html

창업 1909년
붕어빵 - 나니와소혼텐(浪花家総本)

　　최근, 밀가루와 팥 등 재료비가 급등하여 타산이 맞지 않아 붕어빵을 파는 곳이 없어지고 있다는 소식을 뉴스를 통해 듣고 조금 씁쓸하고 쓸쓸한 기분이 들었다.

　　창원에서 국민학교(초등학교) 다니던 때이다. 시험 성적이 100점이면 어머니께서 100원을 주셨다. 용돈이라는 것을 받지 않았기 때문에 아주 귀중한 수입이었다. 나 보다 공부를 잘 하는 누나는 어머니에게 100원을 받는 빈도가 높았고 나는 아주 가끔 받을 수 있었다. 한 번은 96점을 받았는데도 100원을 받은 기억이 있다. 100원을 받을 수 없다는 우울한 기분에 시큰둥하게 있는 아들 놈이 안스럽게 보였거나 그 날 어머니에게 기분 좋은 일이 있었는지 지금으로서는 알 수 없는 일이다.

　　당시 국민학교 앞에는 의례 번데기나 사탕과자, 국화 모양의 풀 빵을 파는 노점이 있었다. 그 중에서 풀빵을 가끔 사 먹었던 기억이 난다. 직경과 두께가 각각 3cm 정도의 조그만 풀빵 3개에 50원쯤이었을 것이다. 하루는 100원어치를 사서 집에 들고 갔다가 어머니에게 야단을 맞은 기억도 있다. 쓸데없이 돈을 쓴다고 아주 혼났다. 어린 마음에 '이렇게 맛있는데 쓸데없다니'라고 생각했던 것 같다. 여느 때처럼 풀빵을 사 먹으면서, 그 옆에 아주 큼지막하고 이때까지 보지 못했던 모양의 대형 풀빵이 있었다. 풀빵 속에 달콤한 단팥이 들어 있는 정체불명의 그 것은 바로 붕어빵이었다. 야속하게도 1개에 50원이었던 것으로 기억한다. 돈을 모아 조립식 플라스틱 모델 태권 브이를 사려고 벼르던 나로서는 도저히 붕어빵을 사 먹을 엄두가 나지 않았다.

내가 붕어빵을 처음 먹게 된 것은 그로부터 한참이나 지난 후의 일이다. 엄밀하게 언제인지는 기억이 나지 않는다. 분명 맛있게 먹었을 게 틀림없는데 말이다. 아무튼, 어린 소년에게 붕어빵은 아주 각별한 군것질 거리였다. 기호에 따라 단팥이 적고 바싹하게 구운 것을 선호하는 사람도 있지만, 나는 단팥이 붕어빵의 옆구리로 삐져 나올 만큼 가득한 것을 좋아한다.

1909년 창업한 '나니와소혼텐(浪花家総本)'은 도쿄 3대 타이야끼(たい焼き, 붕어빵)로 널리 알려져 있다. 이전에는 구입을 위해 30분 정도하던 대기시간이 최근에는 1시간 정도로 길어졌다. 이유는 외국인 관광객에게도 알려졌기 때문이라고 한다. 여행용 캐리어 가방을 끌고 가게 앞에서 대기하는 단체 여행객을 자주 목격할 수 있을 정도로 그 수가 늘어났다. 산책으로 지나가다 문득 생각이 나서 몇 개 사 먹던 기억을 가진 사람들이 때때로 불만을 토로할 지경이 되어 버렸다고 한다. 이 정도로 인기가 있으면 대량으로 빠르게 구워내는 기계식 도구를 마련해도 될 성싶지만, 여전히 하나씩 하나씩 손으로 굽는 옛날 방식으로 붕어빵을 굽고 있다. 이른바, '텐넨모노(天然もの, 자연산)'다. 아마, 기계로 굽기 시작한다면 나부터도 다시 찾기를 망설일지 모르겠다. 100여 년이 넘게 같은 방식으로 변함없이 손님을 대하는 모습이 타이야끼의 맛에 묻어 있는 것이 아닐까.

타이야끼 세트를 먹을 수 있는 실내(1층과 2층)

구입을 할 때 줄을 서서 기다릴 필요는 없다. 몇 개 구입할 건지 주문해 두고 1시간 뒤에 가서 대금을 지불하고 받으면 된다. 1시간을 기다릴 수 없고 딱 1개만 맛보면 되는 방문객이라면 타이야끼 세트를 권장한다. 커피 또는 차와 타이야끼 1개를 세트로 해서 600엔에 먹을 수 있다. 주문하면 대부분 5분 정도에 방금 막 구운 따끈따끈한 타이야끼를 맛볼 수 있다. 별도로 '야끼소바(焼そば)'도 인기가 있다고 한다. 여름철이면 팥빙수도 대단히 인기가 있다고 한다.

타이야끼 たい焼き ················ 180엔 │ 타이야끼 세트 たい焼きセット ·············· 700엔

야끼소바 焼そば ··················· 500엔 │ 팥빙수 かき氷 ··························· 600~1,000엔

점포명	나니와소혼텐 浪花家総本
주소	東京都港区麻布十番 1-8-14
TEL	+81 3-3583-4975
영업시간	10:00~19:00
정기휴일	화요일(축일일 경우는 다음날), 제3 수요일
평균예산(1인)	180엔~1,000엔
주의	신용카드 사용불가
참고 URL	https://tabelog.com/kr/tokyo/A1307/A130702/13002775/

※ 메뉴와 가격은 2023년 6월 현재 기준입니다. 메뉴와 가격은 변동될 수 있다는 점을
양해해 주시기 바랍니다.

점포안내　　구글지도

창업 1944년
이탈리안 - 안토니오

TV 나 잡지에 간혹 소개되는 롯본기기의 '시시리아(뒤에 소개됨)'가 일본에
서는 가장 오래된 이탈리아 레스토랑이라고 착각하고 있었다. 어느 날 문득 '혹시 시
시리아보다 더 오래 된 이탈리아 레스토랑이 정말 없는 걸까?'. 진실 여부에 대해 따
질 만큼의 가치가 있는가? 행여나 책을 쓴 뒤에 누군가에게 추궁을 받더라도 '어, 더
오래된 가게가 있었네요?'라고 능청을 부려도 볼만한 일이다. 근데, 자꾸 마음에 걸
려 생각이 머리속에서 떠나지 않았다. 인터넷을 검색해 보았다. 처음에는 시시리아
만 검색되었으나, 검색어를 서너번 바꾸어 리서치하다 보니, 아뿔사. 있다. 게다가
평판도 좋다. 안이한 조사를 하고 말았던 것이다. 어쩔 수 없다. 추가하는 수 밖에.

맛과 가게의 전반적인 평가가 아주 좋은데도 불구하고 조금 유명세가 덜한
이유가 있는 것을 찾아가는 동안 쉽게 알 수 있었다. 전철이나 지하철역에서 제법
멀다. 구글지도로 검색해 보니 시부야역에서는 도보로 약 20분, 인근의 오모테산
도(表参道)역에서도 도보 15분, 롯본기 (六本木)역에서도 도보 20분이나 된다. 가

볍게 산책을 한다는 생각으로 롯본기역을 나와 느린 걸음으로 걸어 보았다. 늘 산책을 좋아하는 그도 아무 말없이 걷다가 도중에 '덥다'라는 짧은 말을 뱉었다. 해가 질 무렵이기는 했지만, 도쿄의 무더운 여름은 만만치 않은 고통이다. 택시를 타야 했다는 후회가 센 파도처럼 가슴 한 구석을 때렸다. 롯본기역의 지상 출구를 나와 1분이면 도착할 수 있는 '시시리아'의 편리함은 역시 큰 이점인 것 같다.

제 아무리 멀다 해도 걷다 보면 목적지에는 도착한다. 인근에 가게가 없어서 50여 미터 전방부터는 확연히 가게의 존재를 알 수 있게 된다. 간판에 'SINCE1944'라고 적혀 있는 것은 1944년 코베(神戸)에서 처음 레스토랑을 오픈 한 것에서 유래된 것이라고 한다. 초대 오너 겸 쉐프 '안토니오'씨는 1938년 이탈리아 산 바르톨로메오(San Bartolomeo) 국립조리학교 조리최고위 코스를 수석으로 졸업한 뒤, 장기간 이탈리아 해군 최고 사령관의 요리사가 되었다고 한다. 1944년 제 2 차 세계대전 중 코베에서 레스트랑을 오픈한 뒤, 1950년 도쿄로 이전하여 지금의 자리에 자리잡게 되었다는 것이다. 여담으로 코베에는 '리스토랑테 · 돈나로이야(リストランテ・ドンナロイヤ)'가 1952년 오픈하여 코베에서 현존하는 가장 오래된 이탈리아 레스토랑이 되었으며, 요코하마(横浜)에는 1953년 10월 오리지널 죠즈(Original Joe's)라는 이탈리아 레스토랑이 오픈해, 2011년 10월 문을 닫았다고 한다.

가게 안으로 발을 들이면 여는 가게와 달리 천정이 높아 실내가 상당히 넓은 것을 알 수 있다. 가게의 역사와 더불어 늘어난 것인지는 모르겠지만, 입구에는 장식물이 제법 많이 놓여 있어서 어수선한 느낌이 조금 들지만, 안으로 들어서면 역 주변의 가게와 달리 높은 천정에 넓은 공간이다. 접시 3개 정도 놓으면 더 이상 놓을 자리가 없어지는 번화가의 레스토랑과는 비교할 수 없을 만큼 넓은 테이블이라 조금 익숙하지 않은 이질감이 느껴졌지만, 자리에 앉아 시원한 맥주를 한 모금하고 나면 상당히 쾌적하게 즐길 수 있다.

부르스케타(bruschetta)

빠트릴 수 없는 간판 메뉴라고도 불리는 토마토 '부르스케타(bruschetta)'는 한 접시에 3조각. 두 사람이 나누어 먹기에는 부족하고 두 접시를 주문하면 이 것 하나만으로 배가 불러 버릴 것 같아 고민하고 있는데, 주문을 받아 주던 소믈리에나가 친절하게 '한 조각씩 추가 주문 가능합니다.'라고 알려 주시는 게 아닌가. 적당한 산미와 단맛이 살아있는 신선한 토마토와 노릇하게 잘 구워진 바게트(baguette) 빵이 절묘한 밸런스로 산듯하고 가볍기 때문에 한 입에 사라진다. 먹고 나니 그냥 두 접시 시킬 걸이라는 생각이 들었다.

뇨키(gnocchi)

칼초네(calzone)

가게에서 직접 만든 감자 '뇨키(gnocchi)'는 마치 어릴 때부터 먹어 왔던 그리움이 느껴질 만큼 친근한 맛이며 '칼초네(calzone)'는 여느 피자 가게에서 맛볼 수 없는 훌륭한 반죽이다. 대부분의 유저들이 메뉴에 무엇을 먹어도 다 맛 있다는 평을 하고 있는데 실제로 공감할 수 있다. 소스의 맛이 강렬하지 않아도 재료가 가진 본연의 맛을 충분히 느낄 수 있게 해 주며, 언제 먹어도 만족할 수 있는 요리임에 틀림없다고 생각한다. 안토니오의 와인은 매년 약 5,000종을 테이스팅하여 엄선한 100종류의 와인 6,000병을 이탈리아에서 직접 수입하고 있다 한다. 취향에 따라 이탈리아 북부에서 남부의 것까지 다양하게 갖추고 있어서 소믈리에의 추천을 받으면 좋다.

삿포로 에비스 생맥주 サッポロエビス生 ··· 700엔
다진 토마토 부르스케타 刻みトマトのブルスケッタ ································· 890엔
나폴리 스타일 칼초네 ナポリ風カルツォーネ ·· 2,310엔
감자 뇨키 ポテトのニョッキ ··· 1,800엔
키안티 와인(500ml) キアンティ フィアスコ ··· 5,900엔

점포안내

점포명	안토니오 미나미아오야마 본점　アントニオ 南青山本店
주소	東京都港区南青山 7-3-6 南青山 HY ビル 1F
TEL	+81 50-5868-4405
영업시간	화~금 런치 11:30~14:00 디너 17:30~21:30
	토·일·축 런치 11:30~14:30 디너 17:00~21:30
정기휴일	월요일(월요일이 축일인 경우는 다음날(화요일))
평균예산(1인)	런치 2,000엔~3,000엔	디너 8,000엔~10,000엔
참고 URL	https://tabelog.com/kr/tokyo/A1306/A130602/13003490/

※ 메뉴와 가격은 2023년 6월 현재 기준입니다. 메뉴와 가격은 변동될 수 있다는 점을 양해해 주시기 바랍니다.

참고 자료 ————————————————

– 안토니오 미나미아오야마 본점
　https://www.antonios.co.jp/
– 일본 서양요리 역사
　http://www.otsuna-sushi.com/index.html

점포안내　　**구글지도**

창업 1950년
소바 - 아자부나가사카사라시나혼텐(麻布永坂更科本店)

인근에 있는「소혼케 사라시나 호리이 본점(総本家更科堀井 本店)」과의 상호 분쟁의 문제가 있었던 탓인지 가게를 알리는 홈페이지 구석구석을 뒤지어 보아도 창업 년도를 표기하지 않고 있다. 요리인으로 출발한 선대의 뜻을 이어가겠다는 포부의 인사말이 짤막하지만 인상적이다. 아자부나가사카사라시나혼텐(麻布永坂更科 本店)에는 인근의 토박이 분들이 많아 보이는 것 같은 느낌이다. 외국인의 비중이 높은 호리이 본점과는 달리, 가게 안으로 들어가 둘러보아도 머리카락 색깔이 주위에 비해 현저히 차이를 보이는 사람은 눈에 뜨이지 않았다.

모리소바

메뉴에는 일부러 사라시나 소바를 전면적으로 두드러지게 표시하지 않는 점은 호리이 본점을 의식한 듯한 느낌이 들기도 한다. 메뉴의 구성도 소바를 중심으로 몇 가지 안주를 갖추고 있는 호리이 본점과 비교하면 이자까야 또는 요정에 가까운 제법 손이 가는 요리가 많은 것이 특색 있다. 예약주문을 하면 특선 스시·사시미 모듬도 내어줄 정도로 다양하다. 가격대도 리즈너블하기 때문에 사무실 가까운 곳에 있다면 접대 장소로 안성맞춤인 가게다.

누타 아카가이(ぬた 赤貝, 피조개회)

소바 자체의 맛은 보증되어 있는 것이다. 명품이라는 수식어를 붙여 마땅하다고 생각한다. 일부의 손님은 양의 볼륨감이 있는 '아자부나가사카사라시나'를 선호한다는 의견도 많다. 입술에 닿는 소바 면의 매끄러운 느낌, 입 속으로 들어와 코끝으로 빠져나가는 소바의 아련한 향기에 기품이 느껴진다. 파와 와사비를 따로따로 조금씩 올려 먹으니 그 향의 변화로 소바의 향미가 다시금 새로워지는 느낌이 들었다.

소개메뉴

사케 1홉(180ml) ······························ 990엔~

모리소바 もりそば ······················ 979엔 │ 고젠소바 御膳そば ············ 1,089엔

누타 아카가이 ぬた 赤貝 ··············· 1,430엔 │ 기타 안주 ································ 440엔~

점포안내

점포명	아자부나가사카사라시나혼텐 麻布永坂更科 本店
주소	東京都港区麻布十番 1-2-7
TEL	+81 3-3584-9410
영업시간	11:00~21:00
정기휴일	연중무휴
평균예산(1인)	런치 1,000엔~2,000엔 │ 디너 2,000엔~3,000엔
참고 URL	https://tabelog.com/kr/tokyo/A1307/A130702/13015155/

※ 메뉴와 가격은 2023년 6월 현재 기준입니다. 메뉴와 가격은 변동될 수 있다는
　점을 양해해 주시기 바랍니다.

참고 자료

– 위키피디아 아자부나가사카사라시나혼텐(麻布永坂更科 本店)
– https://ja.wikipedia.org/wiki/%E9%BA%BB%
　E5%B8%83%E6%B0%B8%E5%9D%82%E6%9
　B%B4%E7%A7%91%E6%9C%AC%E5%BA%97

점포안내

구글지도

창업 1954년
이탈리안 - 시시리아

시시리아 외관

　　롯본기 사거리의 한 모퉁이에 있는 시시리아(SICILIA)의 간판은 주위의 다른 가게와 비교해 상당히 알아보기 어렵다. 뭔가 가게가 있다는 정도를 간신히 알게 해 주는 정도. 처음부터 지나가는 사람의 관심을 끌 목적이 없어 보이는 심플한 디자인이다. 1954년 창업한 이 이탈리아 레스토랑은 서구식 레스토랑이 없었던 당시 일본에 주재하던 서구 외국인에게 굉장히 인기 있는 레스토랑이었다고 한다. 격식을 차릴 필요 없는 캐주얼한 타입으로 카페 같은 분위기다. 실내는 주로 빨간 벽돌로 되어 있어서 긴자나 도쿄역 주변의 오래된 커피 전문점 같은 이미지를 가지게 한다. 인근에 있는 롯본기힐즈에 있는 레스토랑이나 피자를 굽기 위한 전용 가마를 구비한 본격적인 이탈리아 레스토랑이 즐비한 가운데 여전히 인기가 높다. 단골 중에는 30년 이상 찾고 있다는 사람도 적지 않을 정도다. 조명이 제법 어둡기 때문에 얼굴에 있는 주름은 정확히 보이지 않지만, 주위를 둘러보면 확실히 평균 연령대가 조금 높다는 것을 금방 알 수 있다.

시시리아 내부

  샐러드, 피자, 파스타, 그라탕, 라자니아, 필래프는 여느 일류 레스토랑과
견주어 그 맛이 떨어지지 않는다. 단골들은 괜히 어깨에 힘이 들어간 듯한 유명 레
스토랑의 요리보다 심플하면서도 훨씬 품위 있고 맛 있다고 칭찬과 평을 아끼지
않는다.

  그 중에서도 가장 인기 높은 메뉴는 '그린샐러드'이다. 다른 이탈리아 레스
토랑의 그린샐러드와 비교하지 마시라. 우선, 비
주얼이 극단적으로 심플하다. 밑에 양상추
가 조금 깔려있지만 오이 그 자체다. 오이
가 그야말로 예술적으로 가지런히 슬라
이스 되어 있어서 처음 접하면 누구나 물
끄러미 뚫어져라 처다보게 된다. 1mm
정도로 얇기 때문에 오이의 표면을 통해 포
크의 모양이 어슴푸레 보일 정도다. 언제 주문
해도 일정한 두께의 예술적인 모양에 감탄한 한 단골

그린샐러드

이 오이를 슬라이스 하는 전용 기계가 있냐고
물어본 적이 있는데 대답은 요리사가 칼로 직
접 슬라이스 한 것이라고 한다.

전체 요리의 홍합 화이트와인 찜은 다
른 메뉴에 비해 비교적 최근에 도입한 신메뉴
로 마늘과 바질의 향이 은은하고 삼삼한 간이
아주 적당하다. 1980년대 때부터 다니던 단골
들에 의하면 예전에는 없었다고 한다. 홍합을
까 먹고 남은 국물이 맛있어서 바케트 빵을 시
키려고 메뉴를 보니 없어서 포기했었는데, 따

홍합 화이트와인 찜

로 주문하면 내어 준다는 사실을 뒤 늦게 알았다. 오븐으로 구워져 나오는 피자도
개성이 강하다. 우선 모양세가 직사각형이며 1mm 정도의 얇은 반죽 위에 간신히
치즈와 재료가 올라가 있는 듯하다. 모양을 평하자면 참 볼품없지만, 질리지 않고
가볍게 먹을 수 있는 맛 있는 피자다. 피자만 먹기로 작정한다면 거뜬히 3개나 4개
는 먹어 치울 자신이 있다.

고추 피자

바지락과 바질 파스타

소개메뉴

그린 샐러드 グリーンサラダ ··· 1,000엔

홍합 화이트와인 찜 ムール貝の白ワイン蒸し ················ 1,300엔

고추 피자 赤唐辛子ピッツァパイ ··································· 1,000엔

바지락과 바질 파스타 アサリ入りバジリコパスタ ················· 1,300엔

점포안내

점포명	시시리아 롯본기점 シシリア 六本木店
주소	東京都港区六本木 6-1-26 六本木天城ビル B1F
TEL	+81 3-3405-4653
영업시간	월~금 16:00~24:00 | 토 · 일 · 축 12:00~22:00
정기휴일	연중무휴
평균예산(1인)	2,000엔~3,000엔
참고 URL	https://tabelog.com/kr/tokyo/A1307/A130701/13001260/

※ 메뉴와 가격은 2023년 6월 현재 기준입니다. 메뉴와 가격은 변동될 수 있다는
   점을 양해해 주시기 바랍니다.

점포안내   구글지도

간단 '사케 기초'④
막걸리와 비슷하면서도 다른 '사케'

막걸리와 사케 주요 차이점 비교

막걸리	비교 항목	사케
쌀, 조, 옥수수 등 곡물 전반	주원료	쌀
지역별 양조장별 다양	첨가물	고급 사케(없음) · 보통주(당류/산미료)
병행복발효(平行複発行)	알코올 발효	병행복발효(平行複発行)
밀누룩, 쌀누룩	누룩	코오지(쌀누룩)
막누룩	누룩의 형태	흩임누룩
라이조푸스	효소(곰팡이)	아스퍼질러스
단양주(単醸酒) ※전통방식	담금	삼양주(三醸酒)
혼탁함	혼탁 정도	맑음 (※혼탁한 것도 있음)

● 주원료 · 첨가물

지역별로 다양한 곡물을 원료로 빚어지는 막걸리와 달리, 사케는 기본적으로 쌀로만 빚어져야 하는 원칙이 있다. 염가의 일부 보통주에는 단맛이나 산미를 내기 위한 첨가물을 사용하는 제품이 있는 것은 막걸리와 비슷한 점이라 할 수 있을 것이다.

● 알코올 발효(병행복발효)

곡물을 원료로 술을 빚는 발효에는 '단행복발효(単行複発酵)'와 '병행복발효(単行複発行)'가 있다. 단행복발효는 곡물의 탄수화물이 당분으로 변하는 '당화' 과정과 당분이 알코올로 변하는 '알코올 발효'가 따로따로 구분되어 진행되는 것

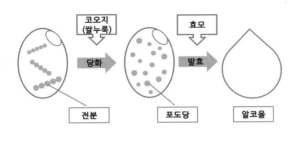

으로 '맥주'가 대표적인 것이다. 병행복발효는 당화와 알코올 발효가 동시에 진행되는 것으로 단행복발효에 비해 상당히 어려운 발효 방식이며, 대표적으로 막걸리와 사케를 꼽을 수 있다.

● 누룩 · 누룩의 형태

코오지 - 흩임누룩

우리나라의 전통적인 누룩은 밀누룩과 쌀누룩이 있다. 일부 전통주는 쌀누룩을 사용하지만 고대에서부터 널리 사용되어 온 것은 밀누룩이라고 한다. 일본에서는 전통적으로 쌀누룩만 사용하고 있다. 중국을 포함한 동북 아시아 일대에서 밀누룩이 널리 사용된 것과 비교하면 상당히 독특한 점이라고 한다.

우리나라 전통적인 누룩은 벽돌모양이나, 원반형태로 뭉쳐서 말린 뒤, 보관해 두었다가 술을 빚을 때 조금씩 가루를 내어 사용하는 '막누룩'이다. 일본의 사케는 술을 빚을 때마다 그 분량에 맞게 코오지(麴)을 만들며, 쌀의 형태가 하나하나 분리되어 있는 '흩임누룩'이다.

● 효소(곰팡이)

곡물의 탄수화물이 당분으로 변하는 '당화'과정에 꼭 필요한 것이 효소이다. 전통적인 막걸리는 주로 리조푸스(Rhizopus) 곰팡이를 사용해 왔으나, 일제강점기를 거치면서 아스퍼질러스도 쓰게 되었다고 한다. 사케는 전통적으로 아스퍼질러스(Aspergillus)를 사용해 왔다고 한다.

● 담금 – 단양주와 삼양주

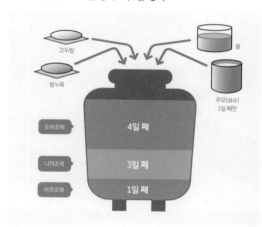

사케의 삼단지코미
그림참조 : 「일본에 사케 마시러 가자」 김성수 181p
J&jj 출판사 2018년 4월 10일

전통적인 막걸리는 원료인 쌀 등의 곡물과 누룩을 한 번만 넣어 담그는 단양주(単醸酒)이다. 오늘날 일반적으로 유통되는 막걸리는 쌀 등의 곡물과 누룩을 두 번 넣는 2단 단금으로 알코올 도수를 높게 빚은 후, 완성된 원주(原酒)에 물로 희석하여 알코올 도수를 6도 정도에 맞춘 것이다.

사케는 무로마치시대(室町時代, 1336년~1573년) 때부터 쌀과 코오지(麴, 일본의 누룩)을 3번 넣어 담그는 삼양주(三醸酒) 방식으로 빚었다고 한다. 오늘날에도 삼양주 방식을 사용하고 있으며 이 것을 삼단지코미(三段仕込)라고 한다. 이렇게 빚어진 사케 원주의 알코올 도수는 대략 18~21도 정도가 된다. 사케 원주에 물로 희석하여 알코올 도수를 15도에 맞춘 것이 일본 주세법에서 정하는 표준 제품이 된다.

● 혼탁 정도

막걸리는 완성된 밑술을 여과하지 않고 짜낸 술이기 때문에 술지게미 성분이 많이 남아있어 투명하지 않고 혼탁한 것이 특징이다. 사케는 주세법에서도 반드시

여과를 하여야 한다는 정의가 있듯이 여과를 시켜 맑게 만드는 술이다. 예외적으로 여과할 때 구멍이 조금 큰 필트를 사용하여 하얗게 혼탁한 사케를 만들기도 한다. 이런 종류의 사케를 '니고리자케(濁り酒)'라고 한다.

일반적으로 사케는 투명하고 맑은 것이 특징이다.

니고리자케(濁り酒) – 토라막걸리

우에노
UENO
上野

창업 1892년
소바 – 우에노 야부소바(上野藪そば)

온갖 상점이 즐비하고 무질서하게 붐비는 '아메요코(アメ橫) 시장'의 잡다한 분위기와는 조금 다른 외형의 가게가 있다. 우에노 야부소바(上野藪そば)는 칸다 야부소바(かんだやぶそ ば)로부터 노랭와케(暖簾分け, 혈연이나 오래 근무한 종업원에게 분점을 차려주는 일)를 얻어 우에노에서 시작한 노포이다.

실내는 깔끔하게 잘 정열 된 일본의 전통적인 클래식한 분위기이지만, 시선의 어딘가 낯설다는 느낌을 받게 된다. 이유는 다양한 국적의 외국인 손님이 많기 때문이다. 유명한 칸다 야부소바(かんだやぶそば)와 칸다 마츠야(神田まつや)에도 외국 손님이 많은 편이지만, 관광지에서 조금 떨어진 '칸다(神田)'는 지리적으로 외국인 관광객이 손쉽게 찾기는 어렵다고 볼 수 있다. 그에 비해 우에노 야부소바는 교통이 편리한 점과 유명 관광지라는 지리적 우월성 덕분에 찾기 쉽다.

늦은 오후나 이른 저녁시간에 홀연히 혼자 찾아와 간단한 안주에 맥주나 사케를 마신 후, 식사로 소바를 조용히 먹고 나가는 손님을 볼 수 있는데 이 사람들은 거의 본토박이 단골 손님이다. 반면, 외국인 관광객은 결눈도 주지 않고 오로지 소바만 시켜서 후다닥 먹고 나가는 경우가 많다. '이왕이면 조금 더 가게를 음미하는 시간을 가지면 더 좋을텐데'라는 오지랖 넓은 생각이 든다.

간단한 안주가 있는 메뉴를 들여다보니 맨 위에 '김(のり, 노리)'가 있다. 일반적으로 야끼니꾸(燒肉, 불고기) 가게나 이자까야에서 기름을 발라 소금을 뿌린 한국 김을 안주로 내어 주는 등, 일본에서는 술 안주로 김을 좋아한다. 맥주 안주로 시켰는데, 아주 맛있는 김을 준다. 먹는 동안 습기가 없도록 작은 숯불을 넣은 나무로 된 용기가 특이하다. 어렴풋이 느껴지는 바다의 향과 먹을 때마다 들리는 바삭바삭한 소리가 고소함과 일체가 되어 식욕을 돋우어 준다.

키쿠마사무네 보통주   미조레(진눈깨비)

사케는 메뉴에 키쿠마사무네(菊正宗)보통주(普通酒) 한 종류만 올려져 있지만, 메뉴에 올리지 않은 특이한 사케가 있다. 여기서 특이하다는 것은 사케가 특이한 것이 아니라 마시는 방법이다. 자세히 설명하면 사케를 반쯤 얼려서 마시는 것이다. '미조레(みぞれ, 진눈깨비)'라고 하는데 비와 눈이 섞여서 내리는 '진눈깨비' 같다고 해서 붙여진 이름이다.

보통주의 사케를 스기타루(杉樽, 삼나무통)에 담아 숙성하여 삼나무 향이 가득하다. 눈이 살짝 녹은 듯한 차가운 온도 위에 삼나무의 상쾌한 향기가 더해져 청량감이 강하다. 겨울에 마셔도 운치가 있지만, 무더운 여름철에 마시기 좋다. 2번 이상 시키지는 말자. 술자리에서 일어설 때 낭패를 볼 수 있기 때문에 술꾼들에게는 적절한 자제심이 필요할 수도 있다.

세이로소바

칸다 야부소바의 맥을 잇는 소바이기는 하지만, 오랜 세월속에 독자적인 진화가 있었는지 소바의 색깔은 조금 검푸르고 면의 굵기도 다소 두꺼운 차이가 있다는 것을 느낄 수 있다. 톤은 여리지만 곡물의 고소함을 느끼게 하는 향기를 은은하게 입 속에서 느낄 수 있고, 혀 끝에 닿는 감촉과 목젖을 타고 내려가는 매끄러운 느낌에는 기품이 담겨있는 듯하다. 여성적인 부드러운 느낌이 칸다 야부소바와 맥을 잇는 것인가라는 근거 없는 추측을 해 본다.

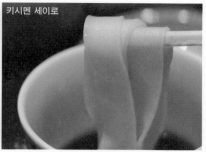

키시멘 세이로

　조금 뜬금없지만, 나고야의 명물우동 '키시멘(きしめん)'도 인기 있다. 면의 두께는 얇지만, 폭이 넓은 편이라 혀 끝에 닿는 매끈한 느낌은 적다. 대신 감칠맛이 짙은 국물(또는 장국)을 듬뿍 머금고 있기 때문에 입 속에서 면과 국물의 조화가 잘 이루어진다. 키시멘이 맛있어서 우에노 야부소바를 찾는다는 단골도 더러 있다고 한다. 돌이켜 생각해 보니, 도쿄에서 키시멘을 먹은 기억이 없다. 아무리 기억을 더듬어 보아도 내가 경험한 몇 안 되는 가게에서는 없는 것 같다. 비교 대상이 그다지 없다는 이점 덕분일 수는 있지만, 단언할 수 있다. 우에노 야부소바는 키시멘도 맛있다.

| 기타 추천 안주

아나고 시로야끼(穴子の白燒)

　아나고(붕장어)의 하얀 속살이 두툼하다. 마무리로 살짝 굽기는 했지만 곱게 손질하여 증기로 쪄냈기 때문에 살은 단단하지 않고 잇몸만으로도 씹을 수 있을 만큼 부드럽다. 기호에 따라 '와사비'를 곁들여도 좋고 '우메보시(梅干, 절인 매실)'를 곁들여 먹어도 좋다. 간장을 찍어 먹어도 좋지만, 아나고 본연의 감칠맛으로도 충분히 사케의 안주가 되기에 충분하다.

아이야끼(あいやき)

야생 청둥오리와 집오리 사이에서 난 '아이가모(合鴨)'는 육질이 부드러운 닭고기 보다 씹는 맛이 뛰어나고 고기의 향미도 좋기 때문에 식용 오리 고기로서 널리 쓰이고 있는 재료이다. '오리가 파를 업고 온다(かもがねぎをしょってくる, 좋은 일이 겹쳐서 더욱 좋은 상태)' 라는 일본 속담이 있는데, 오리고기에는 반드시 '파'를 곁들여 먹어야 한다고 할 정도로 그 맛의 궁합이 좋다.

소개메뉴

사케 1홉(180ml)	759엔~	미조레사케 みぞれ酒	759엔~
세이로소바 せいろうそば	750엔	키시멘 세이로 きしめんせいろう	1,023엔
구운 김 焼き海苔	661엔	아나고 시로야끼 穴子の白焼	1,570엔
아이야끼 あいやき	1,439엔		

점포안내

점포명	우에노 야부소바 上野藪そば
주소	東京都台東区上野 6-9-16
TEL	+81 3-3831-4728
영업시간	런치 11:30~15:00 디너 17:30~21:00 토 · 일 · 축 11:30~21:00
정기휴일	수요일, 제 2 · 4 화요일(변경될 경우도 있음)
평균예산(1인)	디너 2,000엔~3,000엔 ┃ 런치 1,000엔~2,000엔
참고 URL	https://tabelog.com/kr/tokyo/A1311/A131101/13003594

※ 메뉴와 가격은 2023년 6월 현재 기준입니다.
메뉴와 가격은 변동될 수 있다는 점을
양해해 주시기 바랍니다.

점포안내

구글지도

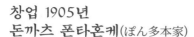

창업 1905년
돈까츠 폰타혼케(ぽん多本家)

　우에노(上野)역을 나와서 아메요코 시장을 가로지르면 4차선 도로 건너에 오카치마치(御徒町)역이 있다. 수많은 관광객으로 붐비는 아메요코 시장의 번잡함은 이내 사라지고 역 주변에 뜨문뜨문 가게들이 보이는데 주로 귀금속을 취급하는 도소매 상점들이 많다. 이른바, 귀금속 거리라고 불리는 지역이며, 손재주가 좋은 한국인 귀금속 가공 기술자도 많이 있다. 귀금속 상점들이 밀집한 위치에서 아키하바라(秋葉原) 방면으로 향하면, 인적이 뚝 끊겨 버린다. 소규모 기업의 사무실이 많은 곳이라 낮이라도 사람의 왕래가 적기 때문이다.

　1905년에 창업한 돈까츠 전문점 폰타혼케(ぽん多本家)의 주변은 조금 허름한 듯하면서 한산한 동네이다. 구글 지도 검색을 하면 오카치마치역에서 도보 4분이면 도착할 수 있는 이른바 역세권의 가게이지만, 동네 전체 분위기 탓인지 결코 뜨내기 손님이 지나가다 들릴 수 있는 곳은 아니다. 토요일 아침 11시. 오픈 15분전이었는데 관광객으로 보이는 2명과 현지인 2명이 먼저 와 기다리고 있었다.

내가 줄을 선 뒤로 현지인 2명이 더 줄을 섰다. 조금 묵직한 문을 열고 가게 안으로 들어서면 1층에는 안이 들여다 보이는 주방과 4개의 카운터석이 보인다. 2층에는 테이블 좌석 20개, 3층에는 자시키(座敷, 다다미방) 좌석이 9개 있는 규모가 크지 않은 가게다. 도쿄 도심부에 있는 사무실 인근에서 점심으로 돈까츠를 먹게 되면 대체로 밥과 미소시루(된장국), 조그마한 접시의 오싱코(야채절임)을 곁들여 1,000엔 정도에 먹을 수 있다. 어쩌다 비싸다고 해도 1,500엔을 넘는 가격은 상당히 드물다. 돈까츠 한 접시에 2,000엔이 넘는다면 평소의 런치, 아니 저녁이라고 해도 가성비가 뛰어나다고 보기는 어렵다. 우에노역 인근에도 1,000엔 정도로도 충분히 맛있는 돈까츠 가게가 많다. 폰타혼케(ぽん多本家)에서는 돈까츠 한 접시에 3,630엔이다. 그것도 밥과 미소시루는 별도. 그 진가를 알지 못 하고 돈카츠의 가격만 놓고 따진다면 선택의 우선 순위에서 쉽게 제외할 수 있는 가격이다.

일본 황실 소속의 요리인이었던 창업자가 밀라노식 카츠레츠를 텐푸라처럼 튀겨낸 것이 원조 카츠레츠(カツレツ)라고 한다. 엄선한 양질의 돼지 로스 부위의 기름과 힘줄을 정성껏 제거하고, 돼지 기름을 튀김기름으로 사용하여 저온에서 서서히 온도를 올려가며 천천히 튀기는 것이 특징이라고 한다. 주문을 받아서 고기에 밀가루와 계란, 빵가루를 묻히고 튀기기 때문에 조금 시간이 걸린다. 1층의 카운터에서는 조리되는 일련의 작업을 전부 볼 수 있는데 그 모습이 일종의 종교 의식을 연상케 할 만큼 정숙하고 묵묵하게 진행된다.

갓 튀겨져 나온 돈까츠의 자태는 평소에 접하는 잘 튀겨진 짙은 갈색의 것과는 확연히 다르다. 옅은 황갈색을 띤 것이 맛있어 보인다. 2cm 는 넘는 두터운 고기. 안쪽까지 잘 익어 있고 시각적으로도 충분히 살결이 부드럽다는 것을 알 수 있다. 겉을 감싼 빵가루는 절묘하게 '바삭' '바삭'하고 고기는 하염없이 부드럽다. 한 입으로 평소에 즐겨 먹는 것과는 품위가 다르다는 것을 쉽게 알 수 있다. 어릴 때 어느 경양식 레스토랑에서 돈까츠를 처음 먹은 기억이 되살아 났다. 태어나서 처음 먹어 본 감동적인 돈까츠였다. 잊고 있었던 수십년 전의 기억. 그 때 느꼈던 그런 맛이 느껴졌다.

카츠레츠 カツレツ ··· 3,630엔

야채샐러드 ヤサイサラダ ·· 1,100엔

밥·미소시루 세트 ご飯・赤だし・おしんこ ·· 550엔

점포명	폰타혼케 ぽん多本家
주소	東京都台東区上野 3-23-3
TEL	+81 3-3831-2351
영업시간	화~토 11:00~14:00, 16:30~20:00 ｜ 일 · 축 11:00~14:00, 16:00~20:20
정기휴일	월요일(축일인 경우에는 화요일)
평균예산(1인)	4,000엔~5,000엔
참고 URL	https://tabelog.com/kr/tokyo/A1311/A131101/13003587/

※ 메뉴와 가격은 2023년 6월 현재 기준입니다. 메뉴와 가격은 변동될 수 있다는
  점을 양해해 주시기 바랍니다.

점포안내

구글지도

창업 1914년
히레까츠 - 호라이야(蓬莱屋)

지난밤부터 추적추적 내리는 비 덕분에 점심시간임에도 대기없이 바로 2층 타타미 방으로 올라 갈 수 있었다. 내가 주문한 돈까츠가 튀겨지는 맛있는 장면을 직접 볼 수 있는 1층의 카운터 자리는 인기가 있는 것 같다. 1층을 원했다면 앞서 기다리는 2팀의 차례가 끝날 때까지 제법 기다려야 했을 것이다.

　　돼지고기 안심으로 만드는 돈까츠 '히레까츠'의 발상지로 유명한 호라이야(蓬莱屋)의 건물 외견은 도쿄의 변두리에서 흔히 볼 수 있는 2층 가옥이다. 실내도 조금 오래된 전형적인 일본 주택의 구조다. 신발을 벗고 가파른 목조 계단을 타고 올라 간 2층의 방은 가게라기 보다 아는 일본 사람 집에 놀러 온 것 같은 기분이 들었다.

　　조금 작은 타타미가 6장 깔려 있는 방이다 보니 옆 테이블의 이야기 소리는 듣고 싶지 않아도 전부 들려온다. 주문을 하고 약 15분 정도 기다리자 '히레까츠' 정식이 눈 앞에 등장했다. 오싱코(야채절임), 미소시루, 밥, 겨자소스. 마지막으로 가늘게 썬 양배추 앞에 히레까츠가 놓여 진 접시. 사진으로 보고 상상한 것 보다 훨씬 심플한 차림이었다.

　　젓가락으로 먹기 알맞게 썰어진 히레까츠 위에 묽은 소스를 듬뿍 뿌려서 한 입 먹어보니, 낯설지 않은 맛이다. 평소에 사무실 인근이나 외출 나가서 먹는 히레까츠와는 분명 차이가 있다. 아주 오래전에 먹었던 그리운 맛. 내가 좋아했던 맛이다.

　　고기를 둘러 싼 1mm 정도의 고운 빵가루 튀김 껍질은 부드러운 고기의 육질을 방해하지 않으면서도 존재감을 충분히 발휘한다. 튀김 기름은 가게에서 직접 돼지 기름 라드(lard)와 소기름 페트(Fett)를 혼합해 매일 만들며, 2번 튀겨내는 조리 방법도 호라이야가 최초로 고안했다고 알려져 있다. 미소시루는 여느 가게의 것과 달리, 콩의 맛이 잘 담긴 된장에 가까운 맛이다. 양배추와 밥은 무료 리필이

가능해서 추가하려다가 먹고 보니 충분히 적당한 양이었고, 오히려 한 입 많았다는 느낌이 들 정도였다. 뜨거운 녹차는 따로 부탁하지 않아도 친절하게 미리 차주전자에 충분히 담아 내어 주는 것도 인상적이었다. 천천히 녹차까지 두 잔 마시고 나니, 내 방에 있는 것 같아 드러눕고 싶을 정도로 편안한 느낌이 들었다.

소개메뉴

히레까츠 정식 ひれかつ定食 ·· 3,500엔

점포안내

점포명	호라이야 蓬莱屋
주소	東京都台東区上野 3-28-5
TEL	+81 3-3831-5783
영업시간	월 · 화 · 목 · 금 11:30~14:30 토 · 일 · 축 11:30~14:30 / 17:00~20:00
정기휴일	수요일(축일일 경우 다음날)
평균예산(1인)	3,000엔~4,000엔
주의사항	신용카드 VISA · MASTER 사용가능, JCB 사용불가
참고 URL	https://tabelog.com/kr/tokyo/A1311/A131101/13003598/

※ 메뉴와 가격은 2023년 6월 현재 기준입니다. 메뉴와 가격은 변동될 수 있다는 점을 양해해 주시기 바랍니다.

점포안내　구글지도

창업 1965년
아나고 스시 – 노이케(乃池)

창업 1875년 센베 전문점 「키쿠미 센베 총본점(菊見せんべいい総本店)」
– 100년 전 쓰여진 소설 속에도 등장하는 '센베(せんべい, 일본 쌀 과자)'가게

관광객이 붐비는 우에노(上野)에서 한 발 벗어나 '야·네·센(谷·根·千)'의 골목길을 걸으면 한적한 도쿄의 일상적인 생활을 느낄 수 있다. 주말이면 여행 안내 책자를 손에 쥐고 삼삼오오 무리를 지어 거리를 산책하고 있는 일행도 많고 다정하게 손을 잡고 맛 집 카페를 찾는 커플도 많다. 100여년 전에는 오늘날 거장이라고 불리는 일본의 시인, 소설가, 화가, 작가들이 많이 살고 있었다고 한다. 그들이 남긴 작품 속에 곧잘 '야·네·센'이 등장한 덕분에 작품에 그려진 마을을 찾아서 오는 경우도 많다고 한다.

※ 야·네·센(谷·根·千) : 우에노(上野)에 인접한 마을 야나카(谷中)·네즈(根津)·센다기(千駄木)
이 세 곳의 지명 머리말을 따서 부르는 대명사.
무분별한 도시 계발을 억제하여 마을 곳곳에 옛 정서가 남아 있다.

도로에서 골목길로 접어들면 현관문 앞에 가지런히 정렬된 화분에 알록달록 예쁜 꽃이 잘 다듬어져 있는 것을 볼 수 있고, 귀여운 고양이가 햇볕을 쬐며 낮잠을 즐기는 모습도 보인다. 네모 반듯하지는 않지만 골목골목의 길은 잘 정돈되어 있고 터무니없이 높거나 규모가 큰 아파트도 없다. '맨션'이라고 불리는 중소 규모의 아파트가 큰 도로변에는 더러 있지만, 한 발 뒷길로 접어 들면 50~60년 전의 풍경과 별 차이 없는 눈 익은 듯한 2층집이 가지런한 마을 풍경이 그대로이다. 동서남북으로 무분별하게 뻗어 있는 전선줄만 없다면 시야를 가리는 것이 많지 않기 때문에 날씨가 선선한 봄 가을에는 그야말로 탁 트인 상쾌한 푸른 하늘도 볼 수 있다.

도쿄 전통의 요리 아나고 스시 전문점 '노이케(乃池)'는 마을 풍경 속에 녹아 있는 맛 집이다. 아기자기 하다던가, 깔끔해 보인다라는 수식어가 걸 맞지 않는 조금 허름한 건물의 2층 언저리에 노이케라고 쓰여 있고 노랭(暖簾:입구에 거는 천으로 된 막)이 걸려 있기 때문에 가까스로 이 곳이 영업중인 가게라는 걸 알 수 있을 정도다.

낡은 미닫이문을 열고 안으로 들어서면 왼쪽으로 스시 카운터가 보인다. 주방을 마주 보고 8명이 앉을 수 있으며 뒤쪽으로 테이블도 2개 있다. 2층에는 20명이 앉을 수 있는 테이블이 있다. 자리에 앉은 손님들은 얼추 절반 이상은 멀리서 원정을 오신 분들이 많아 보인다. 도쿄에서 아나고 스시를 언급할 때 '노이케'는 적어도 세손가락 안에는 꼽을 수 있는 가게라고 한다. 물론, 혹자는 최고라고도 하지만, '절대'라고 표현하는 것을 피하기 위해 에둘러 이렇게 말하는 것 같다.

엄밀히 말하면 노이케는 동네에 있는 조금 오래된 흔한 '스시' 전문점이다. 시내에 있는 유명한 스시 전문점처럼 값비싼 재료를 다양하게 갖추어 손님들의 기호에 맞추거나 눈을 현란하게 하는 예술적인 색상의 조화 따위는 애초에 추구하지 않는 것 같다. 가게 분위기에서 느낄 수 있듯이 그냥 투박하고 일상에 가까운 포근한 느낌이 스시에도 담겨있는 것 같다. 마구로나 흰 살 생선의 스시가 함께 있는 세트 메뉴를 주문해도 노이케를 대표하는 아나고 스시도 충분히 맛볼 수 있다.

일부러 먼 길을 걸어 노이케를 찾았다면 반드시 '아나고 핫칸(八貫=8피스)'을 드실 것을 권한다. 입 속에 넣은 순간, 스르르 아나고의 살결과 스시의 밥알이 입 안 가득 흐트러지는 것을 느낄 수 있다. 아나고의 껍질 부분을 불에 살짝 구운 쏩쓸하면서도 고소한 향기가 입 속에서 코 끝을 타고 흘러나와 한 층 식욕을 돋우어 준다. 그리고, 약간의 단 맛의 여운을 남기고 어느새 목젖을 타고 사라져 버리는 아쉬움을 느끼게 된다. 결코, 과대 표현이 아니다. 내가 조금 체격이 크고 입이 큰 식탐가라면 눈 앞에 있는 한 판의 아나고 스시를 한 입에 쓸어 넣어도 충분히 30초 안에 해치울 수 있을 만큼 부드럽고 감칠맛이 뛰어나다.

먹는 것에만 집중하기 보다는 쉬엄쉬엄 사케도 한 잔 곁들이는 여유를 가지면 더 좋다. 살짝 데운 사케의 감칠맛이 아나고 스시를 더욱 맛나게 해 주는 것 같았다. 스시가 나오기 전, 작은 종지에 아나고 니코고리(煮こごり, 생선살을 끓여 냉각시켜 만든 응고된 젤라틴)가 나온다. 스시를 먹기 전에 사케와 곁들여도 좋지만, 일부러 남겨 두었다 마지막에 사케의 안주로 먹으면 만족감이 훨씬 더 좋다.

아나고 핫칸

아나고 니코고리

소개메뉴

사케 1홉(180ml) ·· 500엔~

아나고 스시(핫칸) 穴子寿司(八貫) ·· 2,800엔

니기리 토큐죠 (아나고 산칸이리) にぎり 特上(穴子三貫入り) ·············· 2,800엔

점포안내

점포명	노이케 乃池
주소	東京都台東区谷中 3-2-3
TEL	+81 3-3821-3922
영업시간	월~토 11:30~14:00/16:30~22:00 │ 일 · 축 11:30~20:00
정기휴일	수요일
평균예산(1인)	런치 2,000엔~3,000엔 │ 디너 4,000엔~5,000엔
참고 URL	https://tabelog.com/kr/tokyo/A1311/A131106/13003554/

※ 메뉴와 가격은 2023년 6월 현재 기준입니다. 메뉴와 가격은 변동될 수 있다는
  점을 양해해 주시기 바랍니다.

점포안내

구글지도

간단 '사케 기초' ⑤
고급 사케의 분류

고급 사케의 분류 – 특정 명칭주(特定名称酒)

구분	특정 명칭		원재료 표시	세마이부아이(精米步合) ※ 현미를 깎아 남아 있는 백미의 비율	쌀누룩 사용비율
혼죠조	本醸造酒	혼죠조슈	쌀, 쌀누룩, 양조알코올	70% 이하	15% 이상
	特別本醸造酒	특별혼죠조슈	쌀, 쌀누룩, 양조알코올	60%이하 또는 특별한 제조방법 (반드시 라벨에 표시할것)	15% 이상
쥰마이	純米酒	쥰마이슈	쌀, 쌀누룩	특정 없음	15% 이상
	特別純米酒	특별쥰마이슈	쌀, 쌀누룩	60%이하 또는 특별한 제조방법 (반드시 라벨에 표시할것)	15% 이상
긴죠	吟醸酒	긴죠슈	쌀, 쌀누룩, 양조알코올	60% 이하	15% 이상
	大吟醸酒	다이긴죠슈	쌀, 쌀누룩, 양조알코올	50% 이하	15% 이상
	純米吟醸酒	쥰마이 긴죠슈	쌀, 쌀누룩	60% 이하	15% 이상
	純米大吟醸酒	쥰마이 다이긴죠슈	쌀, 쌀누룩	50% 이하	15%이상

특정명칭주의 분류는 좋은 사케 또는 고급 사케를 구별하는 중요한 척도가 된다. 일본의 주세법에서 특정명칭주를 분류하기 이전에는 등급제를 실시하였으나, 법률과 현실의 괴리가 있어서 등급제를 폐지하였다고 한다. 등급제의 문제는

가장 높은 1등급 사케에 가장 높은 세금을 부과하여 가격이 비싸지기 때문에 양조장에서 일부러 2등급으로 책정하여 세금을 낮추고, 판매 가격도 싸게 하였다고 한다. 비싼 1등급의 사케보다 잘만 고르면 저렴한 2등급의 사케가 더 좋은 제품이 많았다는 웃지 못할 현실이 있었다고 한다.

세이마부아이와 더불어 특정명칭주의 구분도 고급 사케를 식별하는 절대적 기준은 아니지만, 이 특정명칭이 있는 사케는 기본적으로 향미가 뛰어난 고급 사케라는 것을 소비자가 쉽게 구별할 수 있도록 도와주는 중요한 정보인 것이다.

가끔 특정명칭주 중에서 '쥰마이(純米, 순미)'인가 아닌가를 두고 쥰마이 수식이 붙지 않는 제품을 꺼려하는 소비자도 있다. 양조 알코올을 대량으로 첨가하여 만든 보통주를 마시고 심한 숙취로 고생한 소비자가 양조 알코올 첨가에 대한 나쁜 이미지가 있기 때문일 거라고 추측한다. 보통주의 알코올 첨가는 대량 생산하여 염가에 판매하기 위한 것이며, 이와 달리, 특정명칭주는 발효 과정에 소량 첨가하여 사케의 향미를 조절하고, 보존성을 높인 것으로 에도시대 때부터 이미 확립된 양조 기술의 하나라고 한다.

선입견을 떨치고 특정명칭주별로 개성을 찾아 맛보는 것을 추천한다. 사케를 즐길 수 있는 폭이 훨씬 넓어 질 거이다.

쥰마이(純米)

| 원료 | 쌀 | 코오지 | 물 |

특정명칭주
쥰마이【純米】
쥰마이깅죠【純米吟釀】
쥰마이다이깅죠【純米大吟釀】

세이마이부아이
90% 80% 70% 60% 50% 40% 30% 20% 10% 1%

※이미지참조 : SAKETIMES (https://en.sake-times.com)

준마이슈는 쌀, 쌀코오지, 물만을 재료로 하여 빚는 사케이다. 양조알코올을 첨가하지 않기 때문에 쌀 본연의 감칠맛, 단맛, 부드럽고 은은한 맛이 특징적이다. 주조기술이 발달하여 농후한 타입부터 경쾌한 타입까지 다양한 주질이 있다.

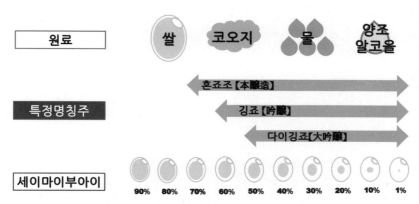

※이미지참조 : SAKETIMES (https://en.sake-times.com)

긴죠슈는 세이마이부아이 60%이하의 쌀과 쌀코오지, 물을 원료로 하며 양조 알코올을 소량 첨가하여 빚는 사케다. 모로미(醪 : 밑술＋덧술)의 단계에서 5~10℃ 정도의 저온에서 천천히 발효시킨다. 화려한 향과 은은한 맛이 뛰어나다.

혼죠조슈는 긴죠슈와 같이 쌀과 쌀코오지, 물을 원료로 하며 양조알코올을 소량 첨가하여 빚는 사케다. 양조 알코올의 첨가량은 원료로 사용하는 쌀의 총주량 10%미만으로 경쾌한 맛을 내기 위해 발효 마지막 단계에 첨가된다. 산듯하고 깔끔한 것이 특징이며 음용 온도의 폭이 넓다.

자료참조 _____

-「일본에 사케 마시러 가자」 김성수 83p~86p J&jj 출판사 2018년 4월 10일

신주쿠
SHINJUKU
新宿

창업 1886년
텐푸라 - 후나바시야(船橋屋)

신주쿠역 루미네 이스트 앞

1997년 가을. 나리타 국제공항에 도착하여 리무진 버스를 갈아타고 1시간 30여 분을 이동하여 도착한 곳이 신주쿠다. 일본어라고는 간단한 첫 인사와 '히라가나'를 간신히 읽는 수준의 어리벙벙한 20대의 내가 가슴 벅찬 설렘과 약간의 두려움을 느끼며 일본에 첫발을 내디딘 순간이 아련하게 기억난다. 고등학교 때 열심히 읽었던 만화책 '시티헌터'의 풍경이 실제로 내 눈 앞에 보이는 것이 신기했다. 당시는 핸드폰이 막 대중적으로 보급되던 시절이었기 때문에 신주쿠역의 개찰구 앞에는 연락처나 메시지를 남기는 '전언(伝言) 칠판'을 볼 수 있었다. 그 칠판에 'XYZ'와 '전화 번호'가 있는 것을 직접 눈으로 보고 느낀 감동은 이루 말할 수 없었다. 그 때 사진을 찍어 두지 않은 것을 후회한다. 이 풍경이 변할 거라고 그 때는 상상조차 하지 못했다. 핸드폰이 일반적으로 보급되면서 점점 전언을 남기던 칠판의 역할이 줄어들었고 2000년대 초반까지 명맥만 유지하다 이제는 완전히 사라져 버렸다.

강산이 두 번 변할 수 있는 시간을 보내면서 신주쿠의 모습이 조금씩 달라져 가는 것을 보고 있다. 일부 변하지 않은 모습도 있지만, 곳곳에서 조금씩 조금씩 변해가고 있다. 머리카락을 금발로 염색하던 것이 아주 드물어 신기하게 쳐다보던 것이 이제는 일상적이 되었고, 싸고 맛있어서 자주 찾던 스시 가게는 오래 전에 사라졌으며, 길을 가다 어깨를 부딪치는 사람의 모습도 아주 다양해졌다.

　　1886년 창업한 '후나바시야(船橋屋)'는 처음부터 텐푸라 전문점은 아니었다고 한다. 점주가 후나바시무라(船橋村)라는 마을 출신이었기 때문에 가게 이름을 '후나바시야'라고 짓고 친가로부터 사들인 고구마를 구워서 팔던 것이 시작이며, 지금의 자리에 '야끼이모 후나바시야(燒き芋 船橋屋, 군고구마 후나바시야)'로서 자리 잡은 것이 1886년이다.

　　실내는 무언가 엄숙한 분위기를 띠우며 격식을 차리는 고급 전문점과는 달리 비교적 차분한 분위기의 인테리어로 꾸며져 제법 캐주얼한 이미지이다. 1층에는 카운터 자리가 마련되어 있고 2층은 자시키(座敷, 다다미방)와 테이블 좌석이

우도(うど, 땅두릅)

문어회

연근과 새우 텐푸라

쯔케모노 모듬

있다. 텐푸라가 튀겨지는 장면을 하나 하나 보면서 집어먹는 맛이 각별하기 때문인지 역시 1층의 카운터 자리를 선호하는 경향이 많은 것 같다. 텐푸라는 참기름으로 튀기는데 가게의 전통적인 방식으로 시간을 들여 정성껏 짜낸 것이다. 요리사들의 실력은 초일류는 아니다. 그래도 갓 튀겨져 나오는 텐푸라의 맛은 보장할 수 있다. 튀김 껍질이 두껍지 않고 바삭한 식감이 절묘하며 튀김 재료 본연의 감칠맛도 잘 살아 있다.

　　봄·여름·가을·겨울 계절에 따라 제철의 다양한 재료를 리즈너블한 가격으로 즐길 수 있는 것도 매력적이다. 사케는 사케 전문점과 비교할 수는 없지만 상당히 좋은 라인업이다. 메뉴에 있는 사케를 종류별로 마시면서 텐푸라를 드시기 바란다. 쯔케모노(漬物)도 추천할 수 있다. 일반적으로 소금의 맛이 강하게 느껴지는 것과 다르게 가게에서 직접 절인 것으로 간이 아주 알맞게 잘 되어있다. 텐푸라 코스의 마지막으로 나오는 카키아게(かき揚げ)는 밥 위에 올려서 '텐푸라동(天ぷら丼)'처럼 먹는 게 제 맛이 난다.

소개메뉴

사케 1홉(180ml) ················ 850엔~　│　런치 텐동 ランチ天丼 ················ 1,460엔

런치 텐푸라 코스 ランチ天ぷらコース ··························· 1,630엔 / 2,650엔

디너 텐푸라 코스 夜天ぷらコース ·································· 2,650엔~9,000엔

일품요리 一品料理 ······································· 770엔~2,860엔

점포안내

점포명	후나바시야 혼텐 船橋屋 本店
주소	東京都新宿区新宿 3-28-14
TEL	+81 3-3354-2751
영업시간	11:30~21:00 연중무휴
정기휴일	연중무휴(연말연시에만 휴무)
평균예산(1인)	런치 1,000엔~2,000엔 │ 디너 3,000엔~4,000엔
참고 URL	https://tabelog.com/kr/tokyo/A1304/A130401/13012090/

※ 메뉴와 가격은 2023년 6월 현재 기준입니다. 메뉴와 가격은 변동될 수 있다는
　점을 양해해 주시기 바랍니다.

점포안내

구글지도

창업 1899년
소바 - 햐쿠닌쵸 오미야(百人町近江家)

　도쿄의 코리안 타운으로 유명해진 동네 오오쿠보(大久保)는 2002년 한일 월드컵을 계기로 갑자기 늘어나기 이전까지는 한국음식 가게를 찾기가 쉽지 않았다. 1997년 내가 처음 일본에 왔을 무렵에는 카부키쵸 뒤쪽에 있었던 '어머니식당 1호점', 도로 건너서 '할렐루야', '순대국집 진가' 정도가 내가 인지한 한국가게의 전부였다. 지금은 크고 작은 한국 요리가게가 무수히 생겨서, 100여 곳은 되는 것 같다.

　　한국 음식을 먹으러 가거나 '한국광장 장터'라는 슈퍼에 들러 한국 식재료를 구입하기 위해 코리아 타운을 가게 되면, JR 신오오쿠보(新大久保)역에서 내린다. 역 개찰구를 나서면, 보기 싫어도 2차선 도로 건너편에 있는 규동(소고기덮밥) 요시노야, 이자카야, 은행 자동인출기, 약국 등등의 가게들이 눈에 들어오는데, 그 중에서도 유난히 창업 메이지 32년(1899년)이라고 적혀 있는 소바 전문점 '햐쿠닌쵸 오미야(百人町近江家)'의 간판이 눈에 띈다. 미나미아오야마(南青山)

에서 창업을 했고 지금의 자리로 타이쇼 5년(1916년)에 이전했다고 한다. 신오오쿠보역에 내릴 때마다 이 간판이 눈에 밟혀서, 한 번 가겠다는 마음을 아마도 한 20년 동안 먹은 것 같다. 몇 백번이나 가게 앞 입간판을 보았고, 가게 처마 아래에서 잠시 비를 피하기도 했고, 길을 건너기 위해 신호등을 기다리며 가게 앞을 서성였다.

오미야는 가게 입구가 크지 않기 때문에 무심코 지나가다 보게 되면 작은 규모로 보이는데, 막상 발을 들여보면 안쪽으로 상당히 넓은 가게다.

좌석은 총 58석이며 약간 고풍스러운 일본전통 인테리어가 느껴지는 차분한 분위기이다.

사용하는 소바 국물을 내는 각종 재료는 당연히 엄선된 것임을 맛으로 알 수 있다. 처음에는 간장의 맛이 조금 도드라지다는 느낌이 있지만, 간장의 우마미를 남기면서 끝 무렵에는 개운한 느낌을 준다. 칸다 야부소바, 사라시나소바와 같은 세련된 느낌의 맛은 아니다. 소박하지만, 잘 다듬어져 가지런하며 편안한 느낌을 주는 소바다. 좀 더 일찍 찾아왔어야 했는데, 지금이라도 다행이라는 생각이 든다.

텐푸라소바 天ぷらそば ··· 1,400엔

점포명	하쿠닌쵸 오미야 百人町近江家
주소	東京都新宿区百人町 2-4-1 サンビルディング 1 階
TEL	+81 3-3364-2341
영업시간	평일 11:30~20:30 ∣ 일 · 축일 11:00~20:00
정기휴일	토요일
평균예산(1인)	런치 1,000엔~2,000엔 ∣ 디너 2,000엔~3,0000엔
참고 URL	https://tabelog.com/kr/tokyo/A1304/A130404/13048365/

※ 메뉴와 가격은 2023년 6월 현재 기준입니다. 메뉴와 가격은 변동될 수 있다는 점을 양해해 주시기 바랍니다.

점포안내

구글지도

창업 1921년
까츠카레 오로지 (王ろじ)

    오후 6시를 조금 넘긴 월요일 저녁시간이지만, 가게 앞에 줄을 서서 기다리는 사람은 없었다. 큰 도로에서 한 발 들어선 골목길이라 지나가다가 우연히 들어갈 수 있는 곳은 아니다. 인근에 있는 대형 서점 '키노구티야'에 서 볼 일을 보고 몇 번 지나간 적이 있는 골목이지만, 당시에는 이런 맛집이 있다는 것은 전혀 알지 못했다. 인터넷 검색에 다시 한 번 감사를 표하는 바이다.

    1921년 창업한 '오로지(王ろじ)'의 가게 이름은 '로지(路地：골목)의 왕'이 되겠다는 포부로 지었다고 한다. 미닫이 문을 왼쪽으로 밀어서 실내로 들어서면, 약간은 심야식당(일본 드라마)의 분위기를 느낄 수 있다. 안쪽에 그다지 크지 않은 주방이 있고, 그 앞에 3명이 앉을 수 있는 카운터 좌석이 있다. 4명이 앉을 수 있는 5개의 테이블이 역 'ㄴ'자 모양으로 배치되어 있는 아담한 가게이다. 지하에도 4명 테이블 2개와 2명 테이블이 1개 있어서 건물의 외견과 달이 의외로 수용인원은 제법 되는 편이다. 테이블 곳곳에 세월의 흔적이 묻어 있지만, 전체적으로 잘

다듬어지고 정리정돈이 잘 되어 있는 인상을 받는다. 약간 연로한 남자 한 분과 여성 두 분이 서빙과 잡일은 보시고, 백발이 성성하지만 건강해 보이시는 요리사 한 분이 요리를 담당하시는 것을 얼핏 보아도 금방 알 수 있다. 카운터의 구석 자리에 앉아서 '톤동(とん丼＝까츠카레)'를 주문하고 가만히 있으니, 뒤쪽에서 경상도 남부 사투리가 썩인 한국말이 들렸다. 무심코 고개를 돌려 보니, 관광으로 오신 것 같은 어린 딸을 포함한 3명의 가족이었다. 바로 옆 테이블은 아마도 대만에서 온 것으로 보였는데 이 쪽도 어린 딸을 포함해 3명이었다. 가게 점원들은 외국어는 능란하게 사용하지 못 하는 듯 보였으나, 이들 가족들을 대하는 모습을 보니, 외국인 손님 대응에 상당히 익숙해 있었다.

평소 점심시간에 사무실 인근에서 먹는 평범한 접시에 담긴 까츠카레(カツカレー)와는 달리 깊이 있는 그릇에 담겨서 약간 볼륨이 있어 보인다. 한 가지 특이한 점은 그릇과 밑을 받치는 접시가 붙어있는 식기이다. 아마도 주문 제작한 특별한 식기인 것 같다.

돈까츠는 2가지의 특징이 있는데, 돼지고기 로스 부위의 기름기를 세심히 다듬어 조리한 덕분에 부드럽고 느끼하지 않으며, 고기살을 얇게 펼쳐 말아서 튀긴다고 한다. 소스와 카레 때문에 튀김 껍질이 눅눅해질 수 있는데, 마지막 한 입까지 바싹한 식감이 살아 있는 것도 인상적이다. 카레는 요즘 유행하는 독특한 매운맛을 살린 카레는 아니다. 얼핏 느끼기에는 평소 집에서 만들어 먹는 익숙한 맛이기도 하지만, 약간의 쓴 맛이 여운으로 남는다. 집 밥이 질리지 않듯이 오로지의 카레 맛은 질리지 않고 또 먹고 싶은 맛이다. 그 위에 정성껏 조리한 돈까츠까지 올려 놓았으니 뭐 두말할 필요는 없는 듯하다.

소개메뉴

톤동(＝까츠카레) とん丼 ·· 1,200엔

점포안내

점포명	오로지 王ろじ
주소	東京都新宿区新宿 3-17-21
TEL	+81 3-3352-1037
영업시간	화 11:15~14:30 월·목·금·토·일·축 11:15~14:30 / 17:30~20:00
정기휴일	수요일
평균예산	런치 1,000엔~2,000엔 ｜ 디너 2,000엔~3,000엔
주의사항	신용카드 사용불가
참고 URL	https://tabelog.com/kr/tokyo/A1304/A130401/13000860/

※ 메뉴와 가격은 2023년 6월 현재 기준입니다. 메뉴와 가격은 변동될 수 있다는
   점을 양해해 주시기 바랍니다.

점포안내

구글지도

창업 1924년
텐푸라 - 신주쿠 츠나하치(新宿つな八)

'신주쿠 츠나하치 (新宿つな八)'는 목차에는 올렸다가, 걸어서 1분도 안 되는 정도의 거리에 '후나바시야(船橋屋)'가 있어서 도중 생략할 계획이었다. 마지막 단계에서 추가하게 된 것은 조금 꼬질꼬질한 가게 내부의 풍경이 머리 속에서 지워지지 않았기 때문이다.

사진을 통해 보이는 '텐푸라' 사진은 대충 비슷해 보이며 직접 맛을 보지 않으면 무엇이 다른지 느낄 수 없다. 신주쿠 츠나하치의 텐푸라는 아주 가까운 거리에 있는 후나바시야의 것보다 고소한 느낌이 강하게 든다. 왜 그런지 물어보았더니, 튀김용로 쓰는 참기름이 다르며 아끼지 않고 상당히 좋은 걸 쓴다고 한다. 깨를 불에 많이 볶아서 향을 강하게 한 것과 달리, 약한 불에 살짝 볶은 것으로 기름을 짜기 때문에 튀김의 고소한 향이 뛰어나다고 알려 주었다. 더 이상은 설명해 주지 않았다.

모든 텐푸라가 맛있지만, 특히, 쿠루마에비(車海老, 보리새우)의 인기가 상당히 높다. 실내에 있는 수족관 안에 대량의 보리새우가 있는 것도 그 때문이라

고 한다. 이렇게 많은 새우를 상시
로 구비하려면 당연 '양식'일 거라
고 생각하고 '어디서 잡아오는 양
식 새우인가요?'라고 물어보았더
니, 텐푸라를 튀기던 쉐프가 정색
을 하며 '저희 가게는 규슈(九州)
지역에서 잡은 '자연산' 보리새우

만 사용합니다.'라고 답하는 것이 아닌가.

　　노포의 자존심 또는 명성을 떨어뜨리지 않는 고집이라고나 할까. 때문인
지, 내가 앉아있던 좌석에서 가까이 있던 손님은 실제로 보리새우를 10마리정
도 시켰다. 쉐프와 주고받는 이야기에 친근함이 느껴지는 것으로 미루어 단골인
모양이었다. 인상적으로 기억에 남았던 것은 가장 먼저 사시미(刺身, 회)를 시켜
서 밥 한 공기를 뚝딱 해치우고 다른 몇 가지의 텐푸라와 보리새우 텐푸라 또 밥
한 공기. 마지막으로 밥 한 공기에 보리새우 3마리를 시켜서 덮밥으로 깔끔하게
마무리하는 것이 아닌가. 놀라운 식성이었다.

여느 노포와는 달리, 구비된 와인도
나름 특색 있게 느껴져서 물어보았더니 재
료 구매담당이 전직 프랑스요리 전문가였다
고 한다. 그제서야 메뉴에 튀김용으로 직경이
3cm 정도되는 프랑스산 '파'가 있거나, 일품
요리에 '푸아그라(거위 간)'를 사용한 요리가
버젓이 올려져 있는 이유를 알 수 있을 것 같
았다. 프랑스산 '파'는 상시로 있는 것은 아니
고, 일본의 시모니타네기(下仁田 ねぎ, 제철
은 겨울이며 두꺼운 것은 직경이 5~6cm 정
도되는 일본산 파) 대용으로 쓰인다고 한다.

스파클링 와인 –
코슈(甲州) 코보노아와(酵母の泡)'

야마나시현 특산 포도품종 '코슈(甲州)'

이날 마신 '코슈(甲州)* 코보노아와(酵母の泡)'는 일본 고유의 포도 품종인 '코슈(甲州)'로 빚은 스파클링 와인이다. 포도품종 코슈의 원산지는 유럽인 것으로 알려져 있으며 12세기경 중국을 경유하여 일본에 전해진 포도가 독자적으로 진화하여 일본의 고유품종이 되었다는 것이 가장 유력한 설이라고 한다. 오늘날 현재 야마나시현에는 81개소(2019년 6월 현재)의 와이너리[1]가 있으며, 이 것은 사케 양조장 54개소보다 많다. 실제 야마나시현의 주민들은 사케보다 와인을 일상적으로 마시는 경우가 많으며, 저녁식사에 곁들이는 반주로 큼직한 사발이나 막 잔에 가득 따른 와인을 즐긴다고 한다. 코슈 코보노아와도 굳이 와인 잔을 사용하지 않아도 좋지만, 역시 섬세한 탄산가스를 즐기려면 길쭉한 전용 잔이 좋기는 하다. 옅은 단맛과 깔끔한 산미의 밸런스가 좋아서 사케 못지 않게 텐푸라와 잘 어울린다.

* 참고 '코슈(甲州)'는 지금의 야마나시현(山梨県 도쿄의 서쪽에 위치)의 옛 지명으로 향토색을 강조하는 특산품 등의 상품명에 많이 붙여진다.

참고 자료 ───────────────────────────────

1) 일본 와이너리 수와 국산와인
   https://guidememo.jp/japanese-wine-and-wineries/

코슈 코보노아와 甲州酵母の泡 720ml ·· 4,070엔

런치 코스 ランチコース ··· 1,650엔~7,260엔

디너 코스 夜コース ··· 2,750엔~9,460엔

점포안내

점포명	텐푸라 신주쿠 츠나하치 新宿つな八
주소	東京都新宿区新宿 3-31-8
TEL	+81 50-5597-6118
영업시간	11:00~22:00
정기휴일	연중무휴(단, 12월31일~1월1일은 휴무)
평균예산	런치 1,000엔~2,000엔 │ 디너 5,000엔~6,000엔
참고 URL	https://tabelog.com/kr/tokyo/A1304/A130401/13000859/

※ 메뉴와 가격은 2023년 6월 현재 기준입니다. 메뉴와 가격은 변동될 수 있다는
점을 양해해 주시기 바랍니다.

점포안내

구글지도

창업 1962년
장어 꼬치구이 - 신주쿠 우나테츠(新宿うな鐵)

우나테츠 입구

　　　지역에 따라 다소 차이는 있지만, 장어덮밥 한 그릇의 평균가격은 3,500엔
~4,000엔 정도한다. 월급쟁이 회사원들의 평균 점심값이 600엔~1,000엔 정도인
것을 감안하면 장어덮밥은 비싼 요리임에 틀림없다. 가격이 만만치 않기 때문에
평소에는 그다지 소비되지 않지만 무더위가 기승을 부리는 여름이 되면 사정은 일
변한다.

　　　한 여름 더위를 이겨내기 위한 보양음식으로 일본에서 장어의 인기는 확연
하다. 장어보다 영양가가 뛰어난 음식도 많이 있지만, 매년 7월에서 8월 두 달 사
이에 소비되는 장어의 양은 연간 소비량의 50% 이상이 될 만큼 그 인기는 압도적
이다. 무더위를 핑계로 일년에 한 두 번 정도는 주머니 사정을 개의치 않고 먹고
싶어질 만큼 장어는 매력적이다. 장어의 배나 등을 따서 펼친 뒤, 뼈를 발라내고
초벌한 후 타레(소스)를 발라서 다시 굽는 '카바야끼(蒲燒)'가 일반적이다. 타레를
뿌린 하얀 쌀밥 위에 올려진 고소한 장어. 입 속에서 마치 눈이 녹듯이 스스로 녹

아 목 젓을 타고 사라지는 장어의 고운 살결을 상상하는 것 만으로도 침이 고인다. 간장의 짭조름한 감칠맛과 달콤한 소스로 코팅된 장어가 숯불에 올려져 익어갈 때 들리는 그 소리와 향기가 감미롭게 느껴진다.

간혹 그 향기에 끌려 여의치 않은 주머니 사정임에도 불구하고 유혹을 이기기 못하는 경우가 있을 때도 있다. 특히, 여름철에는 여기저기서 장어의 향기가 피어나기 때문에 그 유혹의 고통은 이루 말할 수 없을 지경이 되는 것이다.

한 때 동양 최대의 환락가로 불렸던 신주쿠(新宿)에는 수천, 아니 수 만개의 점포가 들어서 있는 번화가이다. 수많은 가게가 새로 생겨나고, 또, 사라지기를 반복하는 곳이다. 좀처럼 오래된 노포를 찾기 어렵지만, 번화가의 한 중심에 반세기 넘게 자리를 지키고 있는 장어 전문점이 있다. 주위의 난잡한 간판이 걸린 빌딩과는 달리 다소 차분한 분위기가 이 구역에서만 다르게 느껴지는 것은 우나기(장어) 전문점 '신주쿠 우나테츠(新宿うな鐵)'가 있기 때문일 것이다.

사전 지식 없이 우나테츠에서 장어덮밥을 먹고 오신 분도 더러 있을 것이다. 물론, 장어덮밥 그 자체로도 훌륭하다. 간장의 맛을 짙게 살린 덕분에 싱겁게 드시는 분들에게는 조금 짜게 느껴진다는 평도 있지만, 이게 도쿄 스타일이다. 도쿄를 중심으로 한 이른바 관동(関東)지역은 대체로 간장 맛이 짙은 게 일반적이기 때문에 다소 이질적으로 느껴질 수도 있다. 굳이 표현을 하자면 남성적으로 맛의 선이 굵고 확실하다고 할 수 있다. 간장 맛이 짙게 느껴지는 것도 우나테츠의 특징이라고 할 수 있지만, 장어 전문점으로서 독보적인 특이한 점이 있다. 바로 '장어 꼬치'다.

장어 전문점에서 닭꼬치가 메뉴에 있고, 장어의 간 '키모(肝)'를 꼬치구이로 내어 주는 게 일반적이지만, 장어를 부위별로 나누어 꼬치구이로 내어주는 가게는 흔치 않다.

│ 메뉴 - 장어 부위별 꼬치구이

일본어	발음	설명	가격(엔)
肝焼き	키모야끼	장어 내장. 타레(소스)글	320
白ばら	시로바라	장어 뱃살(흰 살). 소금	360
短尺	탄자쿠	장어구이를 작게 자른 것. 타레	460
ばら	바라	장어 뱃살(붉은 살). 타레	280
ひれ	히레	장어 등살(부추를 말아서 구움). 타레	280
くりから	쿠리카라	껍질이 있는 장어 등살. 간장+와사비	360
レバー	레바	장어 간(양이 적어 품절될 경우가 있음). 소금	360
かぶと	카부토	장어 머리 부분. 타레	280
串巻き	쿠시마끼	장어 뱃살. 소금	360

술 안주로 장어덮밥만을 먹기에는 사실 부담이 된다. 달콤하면서도 간장의 감칠맛을 한껏 머금은 밥의 존재감이 강하기 때문에 이내 배가 부르게 된다. 자연 천천히 술을 즐기기 보다는 한끼 식사로 끝나버리게 되는 게 술꾼에게는 아쉬운 점이기도 하다.

그런 점을 고려하면 우나테츠의 장어 꼬치는 술꾼에게 더할 나위 없는 안주가 된다. 자연히 사케의 종류가 많은 것도 이해가 된다. 사케만으로 평가한다면 사케 전문 맛집이라고 소개해도 크게 지장이 없을 것이다. 단맛이 강한 아마쿠치(甘口)에서부터 깔끔한 카라쿠치(辛口)까지 맛의 밸런스에 따라 종류가 잘 구비되어 있다. 한 가지 신경 쓰이는 것은 사케의 가격이 적혀 있지 않다. 개중에는 제법 비싼 사케도 있다. 사전에 가격은 미리 물어보고 주문해도 상관없다.

소개메뉴

사케 1홉(180ml) ··· 1,100엔~
장어덮밥 うなぎ重 ··· 4,200엔~6,200엔

점포안내

점포명	신주쿠 우나테츠 新宿うな鐵
주소	東京都新宿区歌舞伎町 1-11-2
TEL	+81 3-3209-3339
영업시간	11:00~ 23:00
정기휴일	연중무휴(단, 연말연시 휴무)
평균예산	런치 3,000엔~4,000엔 ｜ 디너 6,000엔~8,000엔
참고 URL	https://tabelog.com/kr/tokyo/A1304/A130401/13010956/

※ 메뉴와 가격은 2023년 6월 현재 기준입니다. 메뉴와 가격은 변동될 수 있다는 점을 양해해 주시기 바랍니다.

점포안내

구글지도

간단 '사케 기초' ⑥
열처리(살균)에 따른 사케 명칭

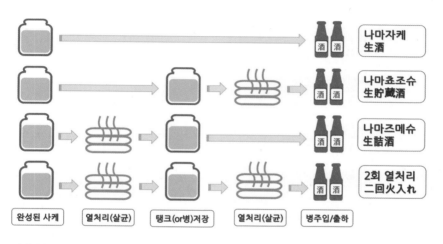

이미지참조 : SAKETIMES (https://en.sake-times.com)

    햅쌀을 수확하여 사케를 빚어 가장 빠르게 소비자에게 전달되는 '나마자케(生酒)'는 대략 11월 중순 경부터 판매되기 시작한다. 요즘은 에어컨이나 냉장 기술 발달로 4계절 생산 · 유통하는 양조장도 있지만, 소규모의 전통 양조장은 대략적으로 11월에서 다음 해 5월 경까지 살균 열처리를 하지 않은 나마자케를 출시한다. 살균 열처리를 하지 않은 나마자케는 신선한 과일향이나 꽃을 연상케 하는 화려한 향기와 더불어 사케 본연의 다양한 풍미가 살아있다. 숙성하지 않았기 때문에 단맛, 신맛, 쓴맛, 우마미(UMAMI)가 조화를 이루지 못하지만, 신선한 향미를 추구하는 소비자에게 큰 인기를 얻고 있다. 상온에서 변질 우려가 있기 때문에 반드시 냉장 보관, 냉장 운반을 해야 하는 번거로움 때문에 대량 유통에는 적합하지 않다.

완성된 사케를 살균 열처리하지 않고 저장·숙성하여 병 주입 때 살균 열처리 하는 '나마쵸조슈(生貯蔵酒)'와 살균 열처리 후, 저장·숙성하여 병 주입 때 살균 열처리하지 않는 '나마즈메슈(生詰酒)'는 나마자케와 비교해 운반유통 과정에서 의 변질 우려가 낮으며 신선한 향미를 즐길 수 있다는 장점이 있다.

특별히 수식 용어가 없는 일반유통 사케는 2회의 살균 열처리를 하여 상온 보 관과 유통이 용이하며, 1년 정도의 숙성으로 부드러워지고 조화를 이룬 향미를 느 낄 수 있다.

참고로 와인의 변질을 막기 위한 저온살균 방법은 프랑스의 화학·미생물학자 루이 파스퇴르가 1865년 개발한 것이라고 알려져 있다.

사케 저온 살균 열처리는 나라(奈良)에 있는 흥복사(興福寺)의 승려가 1568년 기록한 일기(日記)에 '六月二三日 酒ニサセ樽へ入了(6월 23일 사케를 끓여서 술통에 넣다)'라고 여름철 사케를 빚는 과정이 쓰여 있다고 한다. 즉, 식품을 살균 열처리하는 기술이 서양의 것 보다 300여년 앞서 개발되었다는 것을 추론할 수 있 다는 것이다.

대량 생산된 사케를 저온살균 열처리로 장기 보존하는 기술이 에도시대 중기 무렵 확립되면서, 사케가 쌀 가공식품으로서 원활하고 널리 유통되게 되었다고 한다.

자료참조

- 「일본에 사케 마시러 가자」 김성수 219p~220p J&jj 출판사 2018년 4월 10일

아카사카
AKASAKA
赤坂

창업 1923년
장어덮밥 - 아카사카후키누키(赤坂ふきぬき)

아카사카(赤坂)는 역사적으로 오래된 동네이며, 민영방송국, 대형 광고 기획사, 대형 건설회사 등과 더불어 중소 사무실도 많다. 신쥬쿠 만큼의 거대한 유흥가는 아니지만, 도심교통 요충지로서 상당한 번화가이다. 한국, 중국, 이탈리아, 프랑스, 스페인, 터키, 인도, 영국 등등 각국의 다양한 레스토랑이 좁은 지역에 밀집해 있어서 이용하기 편리한 장점이 있다.

드문 드문이지만, 곳곳에 오래된 노포도 제법 남아 있다. 1923년에 창업한 장어 전문점 '아카사카후키누키(赤坂ふきぬき)'의 입구는 2차선 도로에 접하고 있고, 주위와는 다른 차분한 분위기 때문에 눈에 잘 뜨인다. 장어 소비가 가장 많은 여름이 되면, 무더위 속에도 가게 앞에 줄을 서 있는 모습을 볼 수 있다. 인접한 곳에도 다른 장어 전문 노포가 있지만, 유난히 이 곳의 인가가 높은 것 같다.

도쿄에서는 드물게 장어덮밥을 조금씩 들어먹는 '히츠마부시(ひつまぶし)'가 메뉴에 있다. 나고야(名古屋) 스타일의 히츠마부시와 달리, 단맛이 강하지 않고 장어 껍질을 바싹하게 굽지 않은 부드러운 타입이다. 파, 와사비를 올려 먹으면, 장어의 우마미와 상쾌한 맛을 동시에 즐길 수 있고, 김가루를 올리면 고소한 맛이 더해지고, 육수를 부어 말아먹으면 깔끔한 맛이 좋다. 한국에서 오신 분을 안내한 적이 있었는데, 장어덮밥도 맛있지만, 맛의 변화를 주며 즐길 수 있어서 더욱 맛있게 느꼈다는 소감을 들은 적이 있다.

히츠마부시

장어덮밥

장어덮밥 うな重 ··· 3,000엔~
히츠마부시 ひつまぶし ··· 4,200엔~

점포명	아카사카후키누키 赤坂ふきぬき
주소	東京都港区赤坂 3-6-11 赤坂富貴貫ビル
TEL	+81 3-3585-3100
영업시간	런치 11:00~15:00 | 디너 17:00~22:00
정기휴일	연중무휴(단, 연말연시는 휴무)
평균예산	런치 3,000엔~4,000엔 | 디너 6,000엔~8,000엔
참고 URL	https://tabelog.com/kr/tokyo/A1308/A130801/13007890/

※ 메뉴와 가격은 2023년 6월 현재 기준입니다. 메뉴와 가격은 변동될 수 있다는
  점을 양해해 주시기 바랍니다.

점포안내　　　구글지도

창업 1950년
스테이크덮밥 – 아카사카 츠쯔이 (赤坂津っ井)

　　근무지가 있는 아카사카(赤坂)에서 록본기(六本木) 방면으로 갈 때 대중
교통을 이용하는 것 보다 걷거나 자전거를 타는 게 더 편리하다. 차량이 달리는 도
로를 피해 일부러 골목 골목을 누비는 재미가 제법 좋다. 최근에 지어진 맨션이 대
부분이지만, 아기자기한 단독 주택도 군데 군데 남아있다. 1950년에 창업한 '아카
사카 츠쯔이(赤坂津 っ 井)'는 아카사카에서 록본기 방면으로 향하는 언덕 위에
자리하고 있으며, 차량 왕래가 드문 한적한 장소에 위치하고 있다.

비프스테이크덮밥

세트 메뉴의 경우 포함되는 새우튀김과 고로케

　　어쩌다 뜨내기 손님이 지나가다 들릴 수 있는 위치가 아니다. 그럼에도 불구하고 점심 시간이면 이 곳의 명물 덮밥을 찾아서 오는 손님으로 긴 줄이 생긴다. 가게 입구는 전통적이고 고즈넉한 분위기의 가정집을 연상케 하는 분위기지만, 안으로 들어서면 서양식 레스토랑의 중후한 분위기를 뿜는다.

　　아카사카 츠쯔이는 도쿄에서 일본의 서양 요리를 대표하는 가게를 손 꼽을 때, 반드시 등장하는 가게이다. 포크와 나이프를 사용하는 서양 요리를 익숙한 젓가락으로 먹을 수 있게 고안되었으며, 소스도 서양의 것 보다 간장을 비롯한 일본의 조미료를 사용하는 것이 특징이라고 한다. 대표적인 '비프테키동(ビフテキ丼,

비프스테이크덮밥)'은 인기 메뉴이다. 숙성한 간장, 미림, 설탕 등으로 만든 소스를 바르고 석쇠에 구워 기름기를 뺀 소고기는 아주 부드럽다. 달콤한 소스에 농후한 버터, 후추의 맛이 어우러져 환상적인 콤비를 이룬다. 다음에 오면 오므라이스, 굴 튀김 같은 다른 메뉴를 시켜야지 하고 마음먹기도 하지만, 망설이다 결국엔 비프테키동을 시키게 된다. 한 그릇 깔끔히 다 먹어 치운 뒤 충분한 만족감을 느꼈음에도 불구하고, 자리를 일어설 때는 내일 또 먹고 싶다는 생각이 들게 하는 중독성이 있다.

소개메뉴

비프스테이크덮밥 ビフテキ丼 ·· 3,200엔
세트 메뉴 セット ··· 4,000엔

점포안내

점포명	아카사카 츠쯔이 赤坂津つ井
주소	東京都港区赤坂 2-22-24 泉赤坂ビル
TEL	+81 50-5869-4658
영업시간	월~금 런치 11:30~15:00 ｜ 디너 17:00~22:00
정기휴일	토요일 · 일요일 · 축일 · 연말연시
평균예산	런치 3,000엔~4,000엔 ｜ 디너 7,000엔~8,000엔
참고 URL	https://tabelog.com/kr/tokyo/A1307/A130701/13002829/

※ 메뉴와 가격은 2023년 6월 현재 기준입니다. 메뉴와 가격은 변동될 수 있다는 점을 양해해 주시기 바랍니다.

점포안내

구글지도

창업 1964년
소바 – 무로마치스나바(室町砂場) 아카사카점

2020년 개최 예정이었던 도쿄 올림픽을 앞두고 도쿄 도심의 주요 지역은 외국인 관광객 유치에 주력해 거리 풍경이 이전과 다르게 빠른 속도로 변하고 있었다. 아카사카(赤坂) 지역도 이런 세태에 발맞추어 변하고 있는 동네이지만, 골목 뒷길로 한 걸음 접어들면 홀연히 아련한 등불을 밝히는 가게가 아직 남아있다.

'무로마치스나바(室町砂場)'는 1869년 창업한 본점이 '니혼바시(日本橋)'에 100석 규모로 있지만, 1964년에 문을 연 아카사카점은 오래된 일본 가옥의 분위기가 운치 있어 일부러 즐겨 찾는 단골도 많다고 한다. 인근의 대사관 관련 손님의

'카키아게'를 장국에 넣는 원조 텐자루

벳세이 오오자루

경우도 비교적 거리가 있는 본점보다는 역시 가까운 곳을 찾아오는 경우가 많아, 점심 시간에는 다양한 나라의 사람들이 드나들기도 한다.

무로마치스나바가 인기가 있는 이유는 단순히 오래된 맛집이기도 하지만, 텐모리소바(天もり)・텐자루소바(天ざる)의 원조로서 유명하기 때문이기도 하다. 텐모리와 텐자루의 차이는 소바의 바깥쪽을 깎아 버리지 않고 섞은 가루로 반죽해 조금 검은 티가 나는 것이 '모리(もり)'이고, 소바의 안쪽 하얀 부분만을 사용한 것이 '자루(ざる)'이다. 작은 새우와 조개 관자의 '카키아게(かきあげ) 텐푸라'를 접시에 따로 내지 않고 소바의 장국에 넣어 주는 것이 특징이다. 텐푸라의 기름이 장국와 어우러져 혀 끝을 감싸는 감칠맛의 여운이 오래 남아, 일부러 조금 덜 삶아낸 꼬들꼬들한 면과 아주 잘 어울린다.

타네코미텐푸라소바

오카메소바

노포로서 여러 장점이 있지만, 딱 한 가지 다른 여느 소바 가게와 비교해 아주 치명적인 단점이 있다. 면 곱빼기를 해서 두 판은 먹어야 위장에 기별이 갈 정도라고 표현해도 틀리지 않을 만큼 양이 적다. 개인적으로 아무리 비교해 보아

도 칸다(神田)의 야부(やぶ)소바 보다도 적다고 생각한다. 어쩔 수 없이 식사 약속을 겹쳐서 해야 하는 날이 있다면 무로마치 스나바를 찾는 게 좋을 것이다.

소개메뉴

텐모리·텐자루 天ざる·天ざる ⋯ 1,870 円 ｜ 벳세이 오오자루 別製大ざる ⋯ 1,045 円
타네코미텐푸라소바 種込天ぷらそば ⋯⋯⋯ 3,190 円
오카메소바 おかめそば ⋯⋯⋯⋯⋯⋯⋯⋯⋯⋯ 1,705 円

점포안내

점포명	무로마치 스나바 아카사카점 室町 砂場 赤坂店
주소	東京都港区赤坂 6-3-5
TEL	+81 3-3583-7670
영업시간	11:00~20:00(토요일은 19:30)
정기휴일	일요일 · 축일
평균예산(1인)	런치 1,000엔~2,000엔 ｜ 디너 2,000엔~3,000엔
참고 URL	https://tabelog.com/kr/tokyo/A1308/A130801/13002787/

※ 메뉴와 가격은 2023년 6월 현재 기준입니다. 메뉴와 가격은 변동될 수 있다는
  점을 양해해 주시기 바랍니다.

점포안내

구글지도

창업 1965년
설렁탕 - 아카사카 이치류(赤坂 一龍)

설렁탕 전문점 이치류(一龍) 별관 입구

아무리 한류 붐이 크게 일어나고, 비행기를 타면 편도 2시간 정도 밖에 걸리지 않는 가까운 거리이지만, 사는 동네 인근에서 한국 음식 전문점을 찾는 것은 쉬운 일이 아니다. 처음 유학을 위해 도쿄에 도착한 1997년 당시는 포장된 김치를 구입할 수 있는 슈퍼마켓을 찾기조차 어려웠다. 대형 슈퍼마켓에서 아주 가끔 300g 정도의 용기에 담긴 김치를 600엔 정도에 판매했던 것으로 기억한다. 가격이 비싼 편이라 손쉽게 구입하기 어려웠지만, 도저히 참을 수 없을 만큼 참다가 사 먹은 기억이 난다. 당시 일본에 와 있던 한국사람이라면 거의 비슷한 경험을 했으리라 짐작한다.

　1965년, 도쿄 아카사카(赤坂)에 문을 연 설렁탕 전문점 이치류(一龍)에서는 오픈 당시부터 한국식으로 밑반찬을 무료로 제공해 주는 노포다. 콩나물, 계란, 콩자반, 김과 같은 그리운 반찬이 눈 앞에 나오는 순간부터 알 수 없는 만족감과 행복감이 차오르기 시작한다. 그리고, 김치가 등장하는 순간 심장의 고동이 조금 더 박동을 가한다. 배추김치와 깍두기. 특히, 깍두기는 적당히 삭혀져서 신맛이 제대로 난다. 드디어, 뽀얀 국물에 편육이 가득한 설렁탕이 등장. 자연스레 눈꼬리가 살며시 올라가고 가벼운 미소를 짓게 된다.

　한 유명한 스시집의 일본인 쉐프가 새벽시장을 보고 난 뒤 이치류에 들러 설렁탕으로 아침을 먹는 순간이 무엇보다도 행복한 시간이라고 생각한다는 말을 들은 적이 있다. 점심이면 어떻고 저녁이면 어떠랴. 국물에 밥을 말아 김치를 척 올려서 허겁지겁 먹는 설렁탕의 맛은 정말 기가 막히다. 신주쿠에 있는 코리안 타운의 가게에서는 설렁탕의 색깔을 좋게 하려고 다른 첨가물을 사용하는 가게도 더러 있지만, 이치류는 뼈를 제대로 고아낸 진품이다. 그래서 맛이 질리지 않는다.

　따뜻한 인심도 느낄 수 있다. 조금 오래된 기억이지만, 전직장의 야간 판촉 업무를 마치고 설렁탕을 먹으러 들린 적이 있다. 지금의 나를 기억하지 못하시지만 당시에는 일주일에 한 번씩 정도는 가게에 들러 인사를 드렸기 때문에 얼굴을 기억하시고 밑반찬이며 밥이 부족하지 않도록 많이 챙겨 주셨다.

　이전에는 내어주는 반찬은 일부러도 다 먹어 치웠는데, 언제부터인가 기억나지 않지만, 지금은 설렁탕에 딱 김치만 손을 댄다. 가급적 국물이 식기 전에 먹어 치우려고 상당한 스피드로 먹는다. 자리에서 일어서는 순간, 내 코 끝에 맺힌

땀 방울을 닦으며 무의식적으로 '코치소사마데사타(ごちそさまでした, 잘 먹었습니다)'를 내 뱉는다.

소개메뉴

설렁탕 ソルロンタン ·· 1,650엔

점포안내

점포명	이치류 별관 一龍 別館
주소	東京都港区赤坂 2-13-17 シントミ赤坂第2ビル 1F
TEL	＋81 3-3582-7008
영업시간	124시간영업
정기휴일	연중무휴
평균예산	2,000엔~3,000엔
주의	신용카드 사용불가
참고 URL	https://tabelog.com/kr/tokyo/A1308/A130801/13002759/

※ 메뉴와 가격은 2023년 6월 현재 기준입니다. 메뉴와 가격은 변동될 수 있다는 점을
양해해 주시기 바랍니다.

점포안내　　구글지도

간단 '사케 기초' ⑦
사케의 음용온도

음용 온도

일본어	한글 발음	표현 해석	온도
飛び切り燗	토비키리캉	깜짝 놀랄 정도로 무척 뜨거움	55도 전후
熱燗	아쯔캉	제법 뜨거움	50도 전후
上燗	죠오캉	조금 뜨거움	45도 전후
ぬる燗	누루캉	조금 미지근함	40도 전후
人肌燗	히토하다캉	사람 체온 정도	37도 전후
日向燗	히나타캉	양지바른 곳의 따스한 느낌	33도 전후
冷や	히야	상온 (냉장고에서 차게 한 게 아님)	20도 전후
涼冷え	스즈비에	시원하다고 느껴짐	15도 전후
花冷え	하나비에	벚꽃 필 무렵의 싸늘한 느낌	10도 전후
雪冷え	유키비에	눈이 내릴 때의 차가운 느낌	5도 전후

　최근 들어 일부의 분들이 데운 막걸리를 드시는 경우를 듣기도 하지만, 막걸리는 기본적으로 청량감을 높이기 위해 차갑게 마시는 것이 일반적이다. 사케는 계절 또는 취향에 따라 다양한 음용 온도로 마시는 술이라고 할 수 있다. 다른 종류의 술과 달리 데워서 마시는 것도 사케의 특징 중에 하나라고 할 수 있을 것이다.

사케를 담은 용기를 뜨거운 물에 넣어 간접적으로 데우기도 하고, 직접 용기를 불로 데우는 방법도 있다. 가정에서 간편하게 전자레인지로 데우기도 하는데, 역시 뜨거운 물에 넣어 간접적으로 데운 것과 비교하면 무언가 부족한 느낌이 든다.

아주 뜨겁게 데운 사케에 상온의 사케를 썪어서 온도를 조절하는 방법을 최근에 알게 되었다. 일부 사케 전문 이자까야에서 하는 방식인데 상당한 흥미로운 방식이다. 온도계를 들고 관찰하듯이 세심하게 조절해야 하는 기존에 방식보다 간편하게 온도 조절을 할 수 있는 편리함도 있지만, 사케의 맛이 확연히 다채로워진다는 느낌을 받았다.

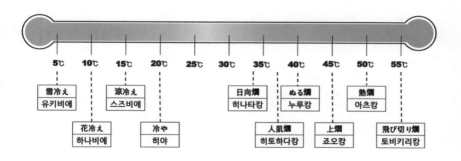

사케의 음용온도 표현 이미지
이미지참조 : SAKETIMES (https://en.sake-times.com)

칸다
KANDA
神田

창업 1830년
아구탕 - 이세겐(いせ原)

　20년도 전 일이다. 처음 이 가게를 알게 된 것은 외삼촌 내외가 도쿄에 여행을 오셨을 때 동행해서 알게 되었다. 당시까지는 맛집을 찾거나 사케에 대해 깊은 흥미를 가지고 있지 않았기 때문에 썩 깊은 인상이 없었다. 외삼촌이 일본 여행을 앞 두고 장만하신 한 권의 가이드북에 도쿄에서 전통이 있는 가게로 소개되어 있었다. 외삼촌은 해산물을 좋아하셨고 특히, 아구를 무척 좋아하셨기 때문에 반드시 찾아가야 하는 곳으로 꼽으셨다고 했다. 사전 예약없이 무작정 갔더니 가게 사람들이 조금 당황하는 기색을 보였다. 워낙 유명한 가게이기 때문에 대부분의 손님들이 미리 예약을 하고 찾아오는 것이 일반적인데 느닷없이 외국인 3명이 들어왔기 때문이었을 것이다. 다행히도 그날은 썩 붐비지 않았던 덕분에 바로 자리 안내를 받을 수 있었고, 190년 전통의 아구요리를 맛볼 수 있었다.

싱싱한 아구를 비교적 자주 맛보셨던 외삼촌의 말을 빌리면, 아구는 심해에서 서식하기 때문에 특유의 뻘 냄새가 특징적인데, 이 가게의 아구는 싱싱하고 뻘 냄새조차 나지 않는다며 칭찬을 아끼지 않았다. 식사를 마치고 여주인으로 보이는 분에게 나의 통역을 빌어 아구를 어떻게 손질하는지 물어보시기까지 했다. 여주인은 친절하게도 우선, 아구는 청정지역 바다에서 잡은 것을 사용하며, 가게에서 부위별로 해체한 후 냄새가 빠지도록 하루정도 흐르는 물에 담아 둔다고 설명해 주었다.

이세겐(いせ原)의 명성을 알게 된 것은 10여 년 전이다. 본격적으로 사케와 음식을 찾아 다니다 보니, 귀 동냥으로 자연스럽게 알게 되었다. 아구의 제철이 아닌 여름에도 노포로서 인기 있지만, 아구의 제철을 맞은 겨울에는 그 야말로 문전성시를 이룬다. 1층에 주방이 있고 미세하게 삐걱거리는 나무 계단으로 올라간 2층에 메인 홀이 있다. 일본 전통의 다다미(畳) 방으로, 방석을 깔고 앉기 때문에 조금 다리가 불편할 수 있다는 것을 감안해야 한다.

싱싱한 아구는 북해도와 바다를 접하고 있는 아오모리현(青森県) 최북단 지역의 어촌에서 받아온다고 한다. 참고로 최고급 마구로(참치)로 유명한 '오오마(大間)'와 인접한 곳이라고 한다. 인과관계는 잘 모르지만, 평소 최고급 마구로 '오오마'브랜드를 자주 듣고 있기 때문에 왠지 모르지만, 자연스럽게 아구도 최고급일 것이라는 납득을 하게 된다. '앙사시(あん刺し:아구회)'로 제공되는 몸통과 볼 살은 반나절정도 물기를 빼고 숙성을 시킨 덕분에 부드럽고 담백한 맛이 일품이다. 흰 살 생선으로 깊은 감칠맛은 적은 편이지만, 간장에 간을 풀은 소스에 찍어 먹으면 한층 맛이 좋다.

앙사시(あん刺し：아구회)

앙코나베(あんこう鍋：아구탕)

키모사시(きも刺し：아구 간을 삶은 것), 니코고리(煮こごり：껍질을 삶아서 묵 같이 만든 것), 카라아게(唐揚げ：튀김), 토모아에(とも和え：아구회와 간을 간장소스에 버무린 것) 등 별미가 가득하지만, 역시 주인공은 '앙코나베(あんこう鍋：아구탕)'이다. 건더기의 맛은 굳이 설명할 필요가 없다. 국물은 익숙하지 않은 짙은 검정색이지만, 결코 짜지 않다. 재료의 감칠맛이 우러나 달콤하고 깔끔하다. 상당히 배가 불렀음에도 불구하고 남은 국물에 밥을 넣어 죽처럼 끓여낸 '오지야(おじや)'를 희한하게도 거뜬히 마무리 지을 수 있다.

10,000엔 코스의 일부(사케는 별도)

죠사케 1홉(180ml) ························· 700엔~

앙코나베 あんこう鍋 ····················· 3,800엔(1인분) ※2인분부터 주문가능

앙사시あん刺し ····························· 싯가 ※사전 예약 필요. 때에 따라 품절될 수도 있음.

키모사시 きも刺し ························· 1,700엔 니코고리 煮こごり

카라아게 唐揚げ ·························· 1,200엔 토모아에 とも和え

앙코나베 코스 あんこう鍋 コース ··· 8,500엔 / 10,000엔 / 12,000엔

점포안내

점포명	이세겐 본점 いせ原
주소	東京都千代田区神田須田町 1-11-1
TEL	+81-50-5597-5931
영업시간	런치 11:30~14:00 디너 17:00~22:00
정기휴일	월요일(4 월~10 월은 월 · 일 · 축일 휴무, 연말연시 휴무)
평균예산	런치 6,000엔~8,000엔 │ 디너 10,000엔~15,000엔
참고 URL	https://tabelog.com/kr/tokyo/A1310/A131002/13000338/

※ 메뉴와 가격은 2023년 6월 현재 기준입니다. 메뉴와 가격은 변동될 수 있다는 점을
양해해 주시기 바랍니다.

점포안내

구글지도

창업 1861년
스시 – 스시마사 쿠단시타본점 寿司政 九段下本店

　1861년 니혼바시(日本橋)에서 창업한 스시 마사 쿠단시타 본점(寿司政 九段下 本店)은 그 뒤, 칸다(神田)로 옮겼다가 1923년의 관동 대지진 이후 지금의 자리에서 5대째 영업을 이어 온 노포이다. 황궁 인근에 위치하고 있지만 딱히 교통의 요충지가 아니기 때문에 쉽게 찾을 수 있는 곳은 아니다. 스시마사(寿司政)의 맛을 찾아 멀리서도 사람들이 찾아오는 단골이 많기 때문에 일본어가 가능하다면 가급적이면 예약을 하는 것이 좋다. 예약을 하지 않더라도 가게 처마 밑에 줄지어 앉아서 40~50분정도 기다리면 된다.

　1층은 카운터 좌석 7명, 4명씩 앉을 수 있는 테이블이 3개 놓여 있으며 2층은 자시키(座敷, 다다미방) 다다미 방이 2개 있는 아주 조그만 가게다. 가게 뒤쪽의 보조 주방을 제외한 스시 주방은 폭이 불과 1m도 되지 않는다. 워낙 조그마한 가게이다 보니, 카운터 좌석에라도 앉게 되면 세프와의 거리는 불과 1m 미만의 거리(아마도 80cm 정도). 내가 먹게 될 스시가 그야말로 눈 앞에서 만들어 지는 모든 과정을 볼 수 있다. 너무 가깝다라는 표현이 틀리지는 않을 것이다.

　스시 마사의 ‘샤리(しゃり, 식초를 섞은 스시 밥)’에 섞는 식초는 일반적으로 흔히 쓰는 것과 달리 조금 붉은 빛을 띠는 ‘아카즈(赤酢)’를 사용하는 것이 특징인데 도쿄의 오래된 노포의 공통점이기도 하다.

눈 앞에서 쉐프의 손놀림을 볼 수 있다

아카즈는 다른 식초와 비교해 산미가 적고 부드럽게 느껴지며 감칠맛이 뛰어나다고 알려져 있다. 하나 하나 정성껏 만들어지는 모습을 보면서 어찌 맛나게 느껴지지 않을 수 있으랴. 참 훌륭하다는 표현이 잘 어울린다고 생각한다.

내가 다 먹고 나가려던 참에 한 20대 후반 정도의 젊은 손님이 가게 문을 열고 들어오면서 '전화로 도시락을 부탁한 '아무개'입니다.'라고 하는 것이 아닌가. 어라, 스시를 도시락으로 부탁해도 되는구나. 다음에는 스시마사의 도시락을 가지고 인근의 벚꽃 구경을 가야겠다.

소개메뉴

| 런치 스시 寿司 | 우메(梅) ⋯ 3,000엔 | 타케(竹) ⋯ 4,000엔 | 마츠(松) ⋯ 6,000엔 |
| 런치 치라시 ちらし | 우메(梅) ⋯ 3,000엔 | 마츠(松) ⋯ 5,000엔 |

점포안내

점포명	스시마사 쿠단시타본점 寿司政 九段下本店
주소	東京都千代田区九段南 1-4-4
TEL	+81 3-3261-0621
영업시간	월~금 11:30~14:00 / 17:30~23:00 토 · 일 · 축 11:30~14:00 / 17:00~21:00
정기휴일	연중무휴(단, 연말연시는 휴무)
평균예산	런치 3,000엔~5,000엔	디너 10,000엔~15,000엔
참고 URL	https://tabelog.com/kr/tokyo/A1309/A130906/13000407/

※ 메뉴와 가격은 2023년 6월 현재 기준입니다. 메뉴와 가격은 변동될 수 있다는
　점을 양해해 주시기 바랍니다.

점포안내

구글지도

┃ 스시마사 쿠단시타 본점 인근 벗 꽃 명소 - 치도리가후치(千鳥ヶ淵)

　　매서운 추위가 기승을 부리던 겨울이 지나가고 햇살의 따스함을 느끼게 되는 계절이 찾아오면 일본 전체가 벗 꽃 소식으로 뒤덮이게 된다. TV 뉴스에서는 지역에 따라 벗 꽃이 피는 시기를 예상하는 소위 '사쿠라(벗 꽃) 전선'을 그려 놓고 제 각각의 썰을 푸는 것이 연례행사이자 매년 보게 되는 뉴스이지만, 매년 비슷한 시기라도 날씨가 다르기 때문에 주의 깊게 보게 된다. 어디로 벗 꽃 구경을 갈 지 조금은 설레는 마음을 누르며 모두들 각자 상상의 나래를 피운다. 도쿄는 대략 3월 말경부터 4월 초가 벗 꽃 시즌에 접어들게 되며, 유명한 벗 꽃 명소는 밤낮을 가리지 않고 구경꾼으로 인산 인해다. 돗자리를 깔고 앉아 술 판을 벌릴 수 있는 공원은 우에노 공원이 좋지만, 다른 공원들도 시내 곳곳에 많다. 도심을 흐르는 하천을 따라 산책하며 즐기는 곳으로 최근 히가시메구로(東目黑)도 상당히 인기 있다. 앉아서 술 판을 벌릴 수도 있고 산책을 하면서 즐길 수 있는 복합적인 요소를 두루 갖춘 명소로서는 치도리가후치(千鳥ヶ淵)를 꼽을 수 있을 것이다.

　　치도리가후치는 매년 벗 꽃을 즐기는 기간 동안 일본 전국에서 100만명이 넘는 구경꾼들이 모이는 명소로 유명하다. 황궁의 북서쪽에 있는 인공연못 주변 700m의 사이에 260그루의 벚꽃이 심어져 있다. 다른 공원 같이 넓은 공간은 아니지만 군데군데 쉼터가 마련되어 있어서 벗 꽃이 피는 기간 동안은 자리를 깔고 도

시락을 먹거나 술 판을 벌여도 좋고, 연못 주변을 산책하기에도 좋다. 벚 꽃이 활짝 펴 연못에 드리워진 풍경도 인상적이며, 떨어진 꽃잎이 연못의 수면 위에 떠도는 쓸쓸함은 한 폭의 그림처럼 아름답다. 어슴푸레 노을이 조금 남은 무렵에는 가로등과 고층 빌딩의 불빛과도 어우러져 한층 친근하고 정겨운 봄 날의 풍경을 만날 수 있다.

치도리가후치
(千鳥ヶ淵)
구글지도

창업 1880년
소바 - 칸다 야부소바(神田やぶそば)

세이로소바

여름 한정 쥰사이(蓴菜, 순채)소바

1880년에 창업한 칸다 야부소바의 가게에 화재가 발생(2013년 2월)했다는 소식이 TV 뉴스와 신문 지면을 통해 보도될 만큼 유명하고 유서 깊은 가게다.

칸다 야부소바는 내부 공간이 상당이 넓은 편이라 다소 오래 앉아서 술을 마실 수 있는 이자까야다운 면이 있다. '야부소바'의 '세이로소바'는 살짝 초록빛을 띠는 특징이 있는데, 그 이유는 소바 껍질의 초록색에 의한 색깔이라고 한다. 면은 상당히 가늘지만 소바의 쓸쓸한 향을 은은하게 느낄 수 있다. 양이 적어서 거짓말 조금 보태, 세 젓가락이면 사라진다. '오오모리(大盛:

꼽배기)'가 없기 때문에 남자들은 두 판이나 세 판을 먹어야 간에 기별이 간다라고 말할 수 있을 정도다. 남성들은 배를 채우려고 3판 정도 먹어 치워야 하기 때문에 가성비가 상당히 떨어진다고 할 수 있다.

소개메뉴

사케 1홉(180ml) ·· 935엔~
세이로소바 せいろそば ··· 825엔
쥰사이소바(여름한정) じゃんさいそば ··· 1,540엔

점포안내

점포명	칸다 야부소바 神田やぶそば
주소	東京都千代田区神田淡路町 2-10
TEL	+81 3-3251-0287
영업시간	11:30~20:30
정기휴일	수요일
평균예산	런치 1,000엔~2,000엔 │ 디너 2,000엔~3,000엔
참고 URL	https://tabelog.com/kr/tokyo/A1310/A131002/13000334/

※ 메뉴와 가격은 2023년 6월 현재 기준입니다. 메뉴와 가격은 변동될 수 있다는 점을 양해해 주시기 바랍니다.

참고 자료 ————

-「일본에 사케 마시러 가자」 김성수 J&jj 출판사
 2018년 4월 10일 183p~186p

창업 1884년
소바 – 칸다 마츠야(神田まつや)

　　1884년에 창업한 '칸다 마츠야(まつや)'의 '모리소바'를 처음 먹었을 때, 나도 모르게 웃음이 흘러나온 걸 아직도 기억한다. 소바의 향기, 씁쓸하면서도 부드러운 감칠맛, 매끄러운 목 넘김과 산뜻한 여운에 '흠잡을 곳이 없다'라고 느꼈다. 소박한 '소바'가 주는 느낌은 단지 한끼의 요기가 아니라, 음식에 대한 열렬한 만족이었다. 물론, 사람에 따라 취향이 다르기 때문에 다들 같은 느낌을 가지는 것은 아닐 것이다. 사시사철 변함없는 칸다 마츠야 가게 앞의 긴 행렬이 소바의 맛을 대변해 주고 있다고 확신할 수 있다. 일본의 유명 역사 소설가 이케나미 쇼타로(池波正太郎, 1923-1990년)가 단골로 다녔고 그의 엣세이에서도 몇 차례 소개된 바 있어서 가끔 그의 글을 읽고 찾아 왔다는 문학생도 있다. 바쁜 점심 시간이 지나고 두세 시 경에 찾으면 이케나미 쇼타로를 흉내낸 것인지는 모르지만 1930년·1940년대의 오래된 스타일의 허름한 복장을 한 청년이 책을 읽으며 닭꼬치, 카마보코에 아쯔캉(熱燗)을 마시는 모습을 가끔 목격할 수도 있다. 나는 세번 그를 보았다.

사케 1홉(180ml) ···················· 880엔~ | 모리소바 もりそば ···················· 825엔

점포안내

점포명	칸다 마츠야 神田まつや
주소	東京都千代田区神田須田町 1-13
TEL	+81 3-3251-1556
영업시간	월~금 11:00~20:30 토 · 축 일요일, 연말연시 휴무11:00~19:30
정기휴일	일요일, 연말연시 휴무
평균예산	1000엔~2000엔
참고 URL	https://tabelog.com/kr/tokyo/A1310/A131002/13000340/

※ 메뉴와 가격은 2023년 6월 현재 기준입니다. 메뉴와 가격은 변동될 수 있다는
   점을 양해해 주시기 바랍니다.

점포안내   구글지도

참고 자료 ──────────────

- 「일본에 사케 마시러 가자」 김성수 J&jj 출판사
  2018년 4월 10일 43p~48p

창업 1897년
장어덮밥 - 우나기쿠보타(うなぎ久保田)

장어 치어의 어획량이 저조하다는 뉴스와 더불어 장어의 가격이 매년 고공행진을 하고 있고, 서민의 보양 음식으로 여겨지던 음식이 이제는 점점 손을 대기가 어려워져 가고 있는 것 같다. 개인적인 체감으로는 10여 년 전과 비교해 거의 2배에 가까워진 것이 느껴진다. 항상 자주 먹는 음식이 아니기 때문에 순간의 기쁨을 위해 기꺼이 출혈은 감당할 수 있지만, 이전과 달리 잠시 망설이게 된다. 누군가에게 고마움의 사례로 대접을 한다던가 한 턱 쏜다라는 이벤트성의 이슈가 있다면 주저하지 않지만, 그냥 지나가다 맛있는 냄새의 유혹에 끌려 들어가기에는 장어의 가격이 결코 만만하지 않게 되었다.

우나기 쿠보타 - 점심 한정 20명 1,700엔

　　오래된 노포이던 그저 그런 가게이던 대략 가장 작은 사이즈의 장어덮밥 가격은 대략 3,000엔 정도한다. 이것도 얼마 지나지 않아 무너질 게 틀림없어 보이지만, 아직까지는 유지하고 있다. 이런 장어덮밥 한 그릇을 점심 한정 20명 1,700엔에 제공하는 가게가 아키하바라(秋葉原) 인근에 있다. 1897년에 창업한 '우나기 쿠보타(うなぎ 久保田)'는 민물 생선 전문 도매를 겸하고 있다. 가게 맞은편에 도매를 하는 가게이기 때문에 다른 장어 전문점과 비교해도 질과 선도가 뛰어나기로 정평이 나 있다.

　　다른 가게의 장어덮밥과는 달리, 장어와 밥에 뿌리는 '타레(소스)'의 농도가 옅은 편이지만, 감칠맛은 뛰어나다. 짙은 맛의 타레로 맛을 얼버무리지 않아, 장어가 가진 본연의 고소함이 한 층 더 느껴지는 것 같다. 술 안주로 시키는 시라야끼(白燒)는 한 번 수증기로 쪄서 구워내는 관동(関東) 스타일과 달리, 찌지 않고 바로 구워내는 관서(関西) 스타일로 내어준다. 솜사탕처럼 녹는듯한 느낌을 주는 관동 스타일보다 살결이 단단하여 젓가락으로 집었을 때 부서지지 않는다. 덮밥 위에 올려져 있는 것은 밑에 있는 밥으로 받쳐서 입으로 가져 갈 수 있지만, 안주용은 받칠 수 있는 대용품이 없기 때문에 간사이 스타일의 시라야끼가 젓가락으로 먹기 용이한 점은 있다.

산초 가루를 뿌려도 좋지만, 와사비를 듬뿍 올려서 먹으면 뒷맛이 한결 가벼워진다. 장어 특유의 기름기로 금방 질릴 수도 있지만, 와사비의 매운 상쾌함이 식욕을 가시지 않게 해주기 때문일 것이다.

시라야끼(白燒)

우나기쿠보타의 명물로서는 '키모야끼(肝燒き, 간 구이)'를 빠트릴 수 없다. 다른 가게에서의 키모야끼보다 그 크기가 압도적이다. 장어의 간과 같이 껍질을 남긴 등살을 꼬치로 구워내어 주기 때문에 양이 많아 보이는 것이다. 덮밥의 장어보다는 타레

키모야끼(肝燒き)

의 맛이 짙기 때문에 술 안주로 딱 좋다. 찔끔찔끔 한 입씩 먹으며, 사케를 한 모금 한 모금 마시는 재미가 제법 있다.

칸타노시(燗たのし)

사케 메뉴

후쿠이현(福井県)의 유명한 고쿠류(黑龍) 사케를 데워 마시는 전문 용기 '칸타노시(燗たのし)'를 직접 보게 된 곳이 우나기 쿠보타이다. 칸타노시는 용기에 뜨거운 물을 넣는 것만으로 가정이나 업소에서 사케를 아주 간편하게 '아쯔캉(熱燗)'

으로 만들어 먹을 수 있는 편리한 도구이다. 고쿠류주조(黒龍酒造) 주식회사에서 만들었으며, 가격은 아마존에서 3,300엔(소비세 포함)로 그리 비싸지 않다.

한참 뒤에 알게 된 사실이지만, 우나기 쿠보타에서는 매월 정기적으로 사케와 관련된 이벤트를 실시하고 있다고 한다. 제법 가격이 센 편이지만, 양조장에서 직접 사람을 보내오는 등 사케를 좋아하는 애호가들에게는 매력적인 술 자리와 화제를 제공하는 이벤트라고 한다. 어쩐지 메뉴의 사케가 예사롭지 않았던 것이 납득이 된다.

소개메뉴

사케 1홉(180ml) ·· 700엔~
점심 20 명 한정 장어덮밥 お昼限定二十食うなぎ丼 ·················· 3,400엔~6,700엔
장어덮밥 정식 うな重定食 ····································· 3,400엔~6,700엔
간사이 스타일 시라야끼(반마리) 関西風白焼(半身) ······················· 1,700엔
키모야끼(한 꼬치) 肝焼き(一串) ··· 1,000엔

점포안내

점포명	우나기 쿠보타 うなぎ久保田
주소	東京都千代田区外神田 5-6-9
TEL	+81 3-3831-6082
영업시간	11:00~21:00
정기휴일	일요일 / 경축일 / 연말연시 / 여름휴가
평균예산	점심 2,000엔~3,000엔 ‖ 디너 8,000~10,000엔
참고 URL	https://tabelog.com/kr/tokyo/A1311/A131101/13016711/

※ 메뉴와 가격은 2023년 6월 현재 기준입니다.
  메뉴와 가격은 변동될 수 있다는
  점을 양해해 주시기 바랍니다.

점포안내

구글지도

창업 1902년
스시 - 칸다 시노다즈시(神田志乃多寿司)

어느 동네에나 있을 법한 콘크리트 건물이기 때문에 처음에는 모른 체 지나쳐 버렸다. 구글 지도를 다시 보면서, 두리 번 거리다 그제서야 눈 앞에 있는 말쑥한 5층 건물 전체가 내가 찾고 있던 가게라는 걸 알고 혼자서 괜히 멋쩍은 기분이 들었다. 낡았지만 수많은 사람의 손길에 반질반질 예쁘게 윤기가 나는 나무 손잡이 같은 오래되고 유서 깊은 가게에 대한 선망의 이미지. '유명한 가게라서 사람들이 줄어서 있을 꺼야.' 라는 나의 쓸데없는 선입견이 없었더라면 좀 더 쉽게 찾았을 게 틀림없었다. 1층의 입구에 흔히 볼 수 있는 큰 간판도 없고 언뜻 보기에 도무지 스시

이트 인(Eat-in) 코너

오시즈시(押し寿司) 세트 메뉴

100년 전의 모습

가게 같지는 않다. 마침 일본 전통 과자 집 같은 분위기. 때 마침 입구에 걸려 있던 노랭(暖簾:입구에 거는 천으로 된 막)이 바람에 날려 위로 접혀 있어서 상호(商号)가 보이지 않은 탓도 있기는 했다.

　유리로 된 문을 열고 가게 안으로 들어서니 노령의 숙녀께서 앉아 기다리고 계시는 모습이 보였다. 주문한 도시락이 준비되고 있는 것을 기다리시는 것 같았다. 주말의 점심 시간이라 북적이지 않을까라는 노파심을 가지고 있었지만, 이 또한 보기 좋게 어긋난 예상이었다. 이트 인(Eat-in) 코너는 상당히 가파른 계단을 내려가는 지하에 있다. 입구에 들어서면 L자로 주방을 마주보는 카운터가 있고 안쪽으로 4명이 앉을 수 있는 테이블이 3개 놓여 있다. 작은 공간이지만, 안 쪽 벽에 장식된 꽃 덕분인지 결코 압박감을 받지는 않는다. 오히려, 차분하고 여유롭게 느껴질 정도다.

　메뉴에는 미리 정해진 세트가 가지런히 정렬되어 있지만, 단골들은 제각각 좋아하는 스시를 좋아하는 만큼 주문한다. 봄철이 되면 제철의 완두콩을 넣은 유부 초밥이 상당히 인기 있는 모양이었다. 나 빼고는 주위의 모든 손님이 다 시켜 드시는 것 같았다.

내가 앉았던 카운터 바로 뒤에 있는 테이블에 네 다섯 살 정도의 아이가 있었는데, 이 아이가 시노다(志乃多)의 스시를 참 좋아하는 모양이었다. 아침부터 시노다에 가자고 엄마를 졸랐던 것 같은 눈치였고, 유부초밥을 먹으면서 연시 '오이시이(おいしい:맛있다)를 연발하는게 아닌가. 자기 앞에 있는 접시의 스시가 아직 비워지지 않았는데도 귀여운 어투로 엄마한테 더 먹어도 되냐고 조른다. 아기 엄마는 다 먹으면 더 시켜주겠다고 타이르는 모습이 참 정겹게 느껴졌다. 어떤 노신사는 들어오자마자 메뉴도 보지 않은 채 '유부 2개, 완두콩 2개...'라고 주문을 읊었다. 단골에게서만 느낄 수 있는 이 멋진 아우라. 자리에 고쳐 앉아 몇 일전에 있었던 자신의 이야기를 주절주절 풀어 놓는다. 이 노신사에게는 시노다스시가 일상의 한 부분인 것이 틀림없을 것이다.

시노다스시는 이트 인 코너에서 먹는 것도 맛있지만, 노리마키(のり巻き) 세트를 사서 공원에서 즐겨도 좋고 집에서 먹어도 좋다. 가게에서는 알코올 음료를 제공하지 않기 때문에 알코올을 애호하는 사람에게는 약간의 아쉬움이 있을 수 있지만, 도시락은 내 기분 내키는 대로 즐길 수 있어서 좋다.

달짝지근하면서도 간장이 여리게 어우러진 감칠맛이 가히 일품이다. 한 톨 한 톨의 밥알은 단단하지도 않은 것이 여리지도 않고 절묘하게 자기를 표현하고 있는 듯하다. 맥주보다는 사케가 아주 잘 어울린다. 굳이 감칠맛이 뛰어난 준마이(純米, 순미)계의 사케가 아니더라도 좋다. 스시의 맛이 짙지 않기 때문에 혼죠조(本醸造)계의 사케도 아주 잘 어울린다고 생각한다. 시노다스시의 유부초밥을 먹으며 사케를 곁들이다 문득 생각한다. 우리 동네에도 이런 가게가 있으면 좋을텐데.

소개메뉴

이트 인(Eat-in) 코너 오시즈시 押し寿司 ·· 1,056엔~1,859엔

테이크아웃 노리마키 세트 のり巻き詰め合わせ ······························ 854엔~1,998엔

점포안내

점포명	칸다 시노다즈시 神田志乃多寿司
주소	東京都千代田区神田淡路町 2-2
TEL	+81 3-3841-9886 / +81 3-3255-2525
영업시간	평일 7:30~17:00 (Eat-in 은 11:00 부터 재료 소진까지) 토 · 일 · 축일 7:30~17:00 (Eat-in 은 11:00 부터 재료 소진까지)
정기휴일	화요일
평균 예산	1,000엔~2,000엔
주의사항	신용카드 사용불가
참고 URL	https://tabelog.com/kr/tokyo/A1310/A131002/13006360/

※ 메뉴와 가격은 2023년 6월 현재 기준입니다. 메뉴와 가격은 변동될 수 있다는 점을 양해해 주시기 바랍니다.

점포안내

구글지도

창업 1905년
이자까야 - 미마스야(みますや)

도쿄에서 현존하는 가장 오래된 '이자카야'는 1905년에 창업한 「미마스야 みますや」이다. 지금의 건물은 1928년의 화재로 재건된 것이라고 한다. 일반 주택 사이로 홀연히 미마스야의 빨간 초롱불이 보인다. 테이블 회전이 빨라서 20여분 정도 기다리면 자리에 안내받을 수 있기 때문에 굳이 예약을 하지 않아도 좋다. 가게 앞에 대여섯 명의 사람이 차례를 기다리며 어슬렁거리는 모습을 흔히 볼 수 있다.

실내는 취객들의 웃음 소리와 화가 난 듯한 큰 목소리, 그리고, 주문하기 위해 종업원을 부르는 소리 등이 섞인 소음으로 가득하다. 어수선하고 뒤죽박죽인 전경이 펼쳐지고, 한 발 가게 안으로 들어서면 의외로 가게 내부는 규모가 크다는 걸 알 수 있다. 자리는 기본이 합석이다. 때문에 처음 만나는 옆 사람과 거리낌 없이 대화를 나누게 되는 경우도 종종 있다.

지방에서 출장 왔던 회사원이 혼자 찾아오는 경우가 의외로 많은 것 같다. 우리가 두어시간 정도 있을 사이 3명의 혼술족이 바뀌었다. 각자의 취향이 달라서인지 제각각 시키는 요리와 술도 달랐다. 한 가지 공통점은 두 잔 이상 시키지 않고 자리를 일어선다는 것이다. 그와 마주보고 한국말로 한 참을 이야기하고 있으니 옆 자리에 혼자 온 회사원이 한국말로 말을 걸어온 적도 있다. 제법 유창한 한국말이었다. 어디서 왔는가, 언제 왔는가, 어디 살고 있는가라는 시시콜콜한 이야기이지만, 한 마디 한 마디에 웃음을 담아 주고받는게 즐거웠다. 그러자, 또 그 옆에 있던 손님이 말을 걸어오는 것이 반복되어 뜻하지 않게 긴 시간을 보내기도 한다.

소개메뉴

사케 1홉(180ml) ·············· 750엔~		안주류 酒の肴 ·············· 450엔~

점포안내

점포명	미마스야 みますや
주소	東京都千代田区神田司町 2-15-2
TEL	+81 3-3294-5433
영업시간	런치 11:30~13:30 ｜ 디너 17:00~22:00
정기휴일	일 · 축 휴무
평균예산(1인)	3,000엔~4,000엔
주의	신용카드 사용불가
참고 URL	https://tabelog.com/kr/tokyo/A1310/A131002/13000630/

※ 메뉴와 가격은 2023년 6월 현재 기준입니다. 메뉴와 가격은 변동될 수 있다는 점을 양해해 주시기 바랍니다.

점포안내

구글지도

자료참조
- 「일본에 사케 마시러 가자」 김성수 J&jj 출판사
  2018년 4월 10일 14p~20p

　　20세기 초반의 칸다(神田)는 긴자(銀座), 신주쿠(新宿)보다 더 번화했던 거리하고 한다. 에도시대(江戶時代, 1603~1868년) 때부터 이어져오는 상인과 장인이 많았으며, 칸다를 소재로 한 풍속도나 민간 설화가 널리 알려져 있을 만큼 친숙한 곳이었다. 1880년경부터 이른바 일본의 명문 사립 대학이라고 불리는 메이지대학, 중앙대학, 일본대학, 전수대학 등이 인근에 들어서면서 법률서적 전문점과 수 많은 헌책방이 들어 섰다고 한다. 지금도 칸다 진보쵸(神田 神保町)에는 144개의 헌책방이 있고, 그 중 100년이 넘게 이어져 오는 곳이 대략 15개점, 50년 이상이 50개점 정도 된다고 한다. 그 외 새 책을 취급하는 서점까지 합하면 서점만 대략 200개소가 된다. 더불어 출판사가 50개소가 있으니, 칸다 일대가 무지하게 큰 책의 테마파크라고 해도 될 것 같다. 몇 년에 한번쯤 진보쵸의 헌책방에서 문화재급의 고문서(古文書)가 발견되었다는 뉴스를 보곤 한다. 헌책방 주인들도 아주

1973년 당시의 외관

2023년 현재의 외관

오래된 것은 무슨 책이 있는지 도무지 알 수 없기 때문에 아직도 이 보물찾기 같은 뉴스를 몇 해 지나면 또 들을 수 있을 것이다.

헌책방이 즐비한 큰 길 건너편에 위치한 '란쵸(ランチョン)'은 1909년 창업이래 비어 홀 겸 양식 전문점으로 인기가 높다. 창업 당시의 란쵸 인근에 '아사히 맥주'의 전신인 '대일본 맥주' 공장이 있었던 것이 인연이 되어 지금까지 아사히의 맛있는 생맥주를 제공해 주는 양식 전문점으로 알려지게 되었다. 생맥주를 마시면서 양식 요리를 즐길 수 있는 가게가 인근에서 유일했기 때문에 주변의 출판사 직원들과 대학생들로부터 대단히 인기 있었다고 한다.

처음에는 가게 이름이 없어서 손님들이 그냥 '양식집'이라고 불렀다고 한다. 그러다가 단골이었던 '도쿄음악학교(현재 도쿄예술대학 음악부)'의 학생들이 이름이 없어서 불편하기 때문에 '란쵸(Luncheon:알찬 오찬)'이라고 지은 것이 가게 이름의 유래가 되었다고 한다.

1층의 조금 낡은 문을 열고 들어서면 바로 나선계단이 있다. 이 계단을 올라가자 마자 눈 앞에 홀의 전경이 펼쳐진다. 안 쪽으로 들어갈수록 넓어지는 공간이기 때문에 계단을 올라서서 처음 보게 되면 공간이 실제보다 상당히 더 크게 보인다. 건물은 창업 당시와는 다르지만, 내부의 분위기는 빨간 벽돌을 사용한 차분한 복고풍의 인테리어다.

계절야채 샐러드

오믈렛

오징어 · 양송이버섯 아히요

　　접시에 담긴 요리의 데코레이션도 한결 같이 어딘가 고풍스럽게 느껴진다. SNS에 올리기에는 무언가 조금 부족한 느낌이다. 점내를 둘러보면 앉아 계신 분들의 연령층이 조금 높아 보인다는 것을 알 수 있다. 요리를 앞에 두고 사진을 찍는 손님도 드물고 그저 눈 앞에 요리가 나오면 즉시 맛을 즐기기에 분주할 따름이다. 일부러 점심시간이 조금 지난 시간에 들러 창가의 테이블에 진을 치고 이른 오후부터 맥주를 마시는 단골도 많다.

　　란쵸의 맥주는 2가지의 특징이 있는데, 우선, 다른 곳에서 쉽게 맛볼 수 없는 아사히 주조의 옛날 생맥주다.

아사히 맥주는 가장 인기 있는 '아사히 슈퍼드라이 생맥주'를 연상하는 것이 도리이겠지만, 슈퍼 드라이 이전부터 있던 전통적인 맥주 '마루에프(F(マル エ フ))'를 내어준다. 오사카의 공장에서 업소용으로만 소량 생산하고 있으며, 도쿄에서도 소수의 몇 개점에서만 취급하는 희귀한 맥주이다. 보리의 뛰어난 풍미가 살아있고 깔끔한 맛이 특징이라며 맥주 애호가들로부터 오랫동안 호평을 받고 있다. 더욱 맛있게 느낄 수 있도록 깨끗이 세척한 전용 잔으로 제공하는 세심한 배려를 아끼지 않는다.

두번째는 '맥주를 따르는 것은 점주만이 한다.'라는 1대 창업자가 정한 전통을 지키며 지금도 4대째의 마스터가 직접 숙련된 손 놀림으로 생맥주를 제공해주며, 5대째가 가업을 잊기 위해 수련 중이다. 엄밀히 생각해 보면 창업이래 110여년간 단 5명만이 맥주서버를 만질 수 있었다는 계산을 할 수 있는데, 과연, 단 하루도 빠짐없이 점주만이 할 수 있었을까? 사람은 때때로 피치 못 할 사정이 생기거나 아프거나 하기도 하는데…. 이 점은 조금 의심이 들기도 하지만, 적어도 내가 자리에 앉아 쭉 지켜본 시간 동안에는 꼭 마스터가 맥주를 따랐다.

중학교, 고등학교 다닐 때 보수동 헌책방을 자주 다녔다. 책을 좋아해서 다닌 것은 아니다. 어머니에게 참고서를 사기 위해 정가의 금액을 받아 보수동까지 가서 사면 버스비를 빼고도 군것질 할 수 있을 만큼의 거스름돈이 남았기 때문이다. 가끔 깔끔하고 반듯한 새 책 같은 헌책을 사서 어머니께 새 책을 샀다고 거짓말을 한 적은 있지만, 책을 사지 않고 온전히 삥땅을 친 적은 없다. 전자책의 세상에서는 할 수 없는 옛날 이야기이다.

아사히생맥주 アサヒ生(マルエフ) ··· 700엔

오징어 · 양송이버섯 아히요 ヤリイカ · マッシュルームのアヒージョ ················· 1,100엔

계절야채 샐러드 季節野菜のサラダー ··· 1,000엔

오믈렛 オムレツ ·· 1,200엔

점포안내

점포명	란충 ランチョン
주소	東京都千代田区神田神保町 1-6
TEL	+81 3-3233-0866
영업시간	월~금 11:30~21:30 | 토 11:30~20:30
정기휴일	일 · 공휴일
평균예산	런치 1,000엔~2,000엔 | 디너 5,000~6,000엔
참고 URL	https://tabelog.com/kr/tokyo/A1310/A131003/13000241/

※ 메뉴와 가격은 2023년 6월 현재 기준입니다. 메뉴와 가격은 변동될 수 있다는 점을
  양해해 주시기 바랍니다.

점포안내　**구글지도**

간단 '사케 기초' ⑧
겨울철에 빚는 사케 '칸즈쿠리(寒造り)'

오늘날 대규모 양조장 등 최신 냉방설비를 갖춘 몇몇 양조장은 사시사철 사케를 생산할 수 있지만, 대부분의 소규모 양조장에서는 겨울철에 사케를 빚는 것이 일반적이다. 에도시대(1603년 ~1867년) 초기에서 중기 무렵까지 농번기인 음력 4월에서 6월 사이를 제외하고 사계절에 걸쳐 사케를 빚었다고 한다. 음력 8월(양력9월무렵)에는 지난해 수확했던 묵은 쌀로 빚었는데 이것을 신슈(新酒)라고 했다. 양력 9월 하순, 초가을 무렵에 빚는 것은 아이슈(間酒)로 늦더위로 기온이 높아서 유산균 발효가 쉬운 장점이 있었지만, 냄새가 좋지 않았다고 한다. 늦가을에 빚는 사케는 칸마에사케(寒前酒)이며, 겨울철에 빚는 것은 칸슈(寒酒)라고 했다. 봄철에 빚은 것은 하루자케(春酒)라고 했다.

新酒	신슈	음력 8월에 지난해 수확한 묵은 쌀로 빚은 사케
間酒	아이슈	초가을(9월하순경)에 빚는 사케
寒前酒	칸마에사케	늦가을에 빚는 사케
寒酒	칸슈	본격적인 겨울철에 빚는 사케. ⇒ 칸즈쿠리(寒造り)
春酒	하루자케	봄철에 빚는 사케

에도시대 중기 무렵부터 막부의 쌀 거래 통제(오늘날의 금융정책과 같은 것) 등의 규제와 더불어 수많은 시행착오를 거치며 우연히 겨울에 빚는 사케가 향미와 품질이 뛰어나다는 것을 경험했다고 한다. 가을 추수를 마친 뒤 겨울에 노동력을 집중하여 사케를 대량생산하는 방식이 확립되었는데, 추운 겨울에 사케를 빚는다고 하여 '칸즈쿠리(寒造り)'라고 불리게 되었다. 기록에 의하면1667년 당시 가장 주조기술이 발달해 있던 이타미(伊丹:효교현 이타미시)에서 그 때까지의 칸슈를 빚는 방법을 개량하여 칸츠쿠리를 확립시켰고, 1673년에는 에도막부가 주조통제의 일환으로 칸즈쿠리 이외의 양조를 금지하여, 사계절 양조가 쇠퇴할 수밖에 없었다고 한다.

칸츠쿠리의 발달로 인해 에도시대 중기 무렵부터 사케를 빚는 전문 집단이 형성되었다고 한다. 겨울 농한기(농업)·어한기(어업) 때 수익이 없던 잉여 노동력이 경제 수익을 얻기 위해 사케 양조장에서 노동력을 팔게 되고 점차 양조기술을 익히면서 기술과 관리 총책임자인 '토오지(杜氏)'를 필두로 하여 각 부문을 담당하는 '쿠라비토(蔵人)'로 형성된 토오지 집단이 생겨나게 되었다고 한다.

에도시대 사케 양조장(니가타의 아사히(朝日) 주조에서 찍음)

토오지 집단은 겨울에 사케 양조장에서 수익을 얻는 효율적인 경제 활동이기는 하지만, 이들 집단은 가족과 멀리 떨어진 타 지역에서 겨울을 보내며, 설령 가족의 부음을 들어도 결코 돌아갈 수 없는 엄격한 규칙이 있었다고 한다. 교통이 발달하지 못 한 점과 혹독한 추위에 쌓인 눈으로 길을 찾기가 어려워, 귀향을 했을 때는 이미 장례가 끝나 버리기 때문이기도 했다. 그리고, 한 사람이 빠지면 보충할 수 있는 인력이 없어서 사케 생산에 지장을 초래하기 때문에 토오지 집단에 참가하게 되면 '마누라 · 자식이 아파도, 부모가 돌아 가셔도 결코 떠날 수 없다'는 불문율이 있었다고 한다. 생업을 이어 가기 위한 불우한 배경도 있지만, 토오지 집단의 발전으로 사케 양조는 대량 생산체제를 갖추게 되었으며, 쌀을 가공하여 수익을 얻는 상업도 크게 발달하게 되었다고 한다.

몇 해 전부터 김치를 직접 담아 먹고 있다. 3년 쯤 직접 만들면서 겨울철에 담아서 숙성시킨 김치가 제일 맛나게 느껴졌다. 사케의 칸즈쿠리와 일맥 통하는 오묘한 무언가를 느꼈다. 겨울. 김장. 칸즈쿠리. 자연의 섭리와 조상님들의 지혜에 감동을 느낀다.

참고 자료

- 칸즈쿠리(寒造り) https://ja.wikipedia.org/wiki/%E5%AF%92%E9%80%A0%E3%82%8A
- 사계절 양조 https://ja.wikipedia.org/wiki/%E5%9B%9B%E5%AD%A3%E9%86%B8%E9%80%A0

기타
SONOTA
その他

창업 1877년
원조 카레빵 – 카토레아(カトレア)

원조 카레빵 '카토레아(カトレア)'

　　일본 사람은 1년간 약 73회 카레를 먹고 있다.1주일 단위로 계산을 하면 주 1회 이상을 먹고 있다고 한다. 인기 톱 탤런트나 아이돌을 기용한 TV의 광고를 사시사철 볼 수 있고, 대형소매점의 이른바 '황금 매대'를 점령하기 위한 메이커들 사이의 소리 없는 전쟁도 치열하다. 각 지역마다 특색 있는 재료를 넣고 간편하게 먹을 수 있게 만든 수제 레토르트 카레의 숫자는 헤아릴 수 없을 만큼 무궁무진하며, 맛집 탐방을 소재로 한 TV 프로그램이나 잡지, 맛집 소개 책에서도 빠지지 않고 등장할 만큼 '카레'는 일상적으로 사랑받는 먹거리다. 소위 '국민식'이라고 불리는 카레라이스와 더불어 간편하게 먹을 수 있는 '카레빵'의 인기도 대단하다. 일본 전국의 어느 빵집을 가도 카레빵을 찾을 수 있고, 심지어 편의점의 빵 코너에도 당당히 인기 메뉴로서 장기 집권을 하고 있다.

　　동네에서 흔히 볼 수 있는 친근감 있는 이 조그만 빵집은 1877년 창업한 원조 카레빵집으로 알려져 있다. 1927년 2대 점주가 실용신안등록한 서양 빵이 원조라는 것이다. 카레빵이 구워져 나오는 시간이 아니면 거의 손님이 없다고 해도 과언이 아닐 만큼 한산하다가 카레빵이 나오는 7시, 11시, 15시(금, 토는 15시 30분)

카레빵을 담고 있는 모습

元祖 カレーパン

왼쪽 매콤한 맛, 오른쪽 보통

카레빵 속

이면 어디서 나타났는지 가게 앞에 긴 행렬이 생긴다. 단골도 많지만, 절반 정도는 외지인으로 데이트족도 있고, 홍콩, 대만뿐만 아니라 좀 먼 나라의 사람도 가끔 행렬 속에서 목격할 수 있다. 도대체 어디서 이런 정보를 입수했을까라고 잠시 생각해 보지만, 이내 SNS의 파워라는 것이 짐작 된다.

　　일반적인 아마쿠치(甘口) 카레빵만 있는 줄 알고 대기하고 있는데 앞에 있는 사람이 매콤한 카라쿠치(辛口)를 주문하는 것을 보고 나도 냉큼 카라쿠치를 주문할 수 있었다. 앞 손님에게 '덕분에 감사합니다'라고 마음속으로만 인사했다. 다진 돼지고기와 당근, 양파를 아낌없이 넣어 만들어, 여느 빵집이나 편의점에서 파는 유명 메이커의 것과 달리 정말 속이 알차다. 손으로 집어 들으면 갓 튀겨졌다는 것을 알 수 있을 만큼 따뜻한 온도가 느껴진다. 고급 샐러드유와 면실유(목화씨를 원료로 추출한 기름)을 써서 튀겨내어 느끼하지 않고 맛이 가볍게 느껴졌다. 식사 대용이라면 서너개는 가볍게 먹을 수 있을 정도다. 집에 와서 전자레인지나 오븐에 데워 먹어도 맛이 썩 떨어지지 않기 때문에 선물용으로 여유있게 장만해도 좋다. 원조라는 간판을 달고 있는 그 이름에 손색이 없는 빵이다. 작은 빵 하나가 주는 커다란 만족감을 한껏 느낄 수 있다.

카레빵 보통맛 カレーパン 甘口 ·············· 240엔(소비세 별도)

카레빵 매운맛 カレーパン 辛口 ·············· 250엔(소비세 별도)

점포안내

점포명	카토레아 カトレア
주소	東京都江東区森下 1-6-10
TEL	+81 3-3635-1464
영업시간	월~금 7:00~19:00 ┃ 토축 8:00~18:00 ┃ 휴무:일요일, 월요일
정기휴일	수요일, 연말연시
평균예산	1,000엔 이하
주의	신용카드 사용불가
참고 URL	https://tabelog.com/kr/tokyo/A1312/A131201/13002996/

※ 메뉴와 가격은 2023년 6월 현재 기준입니다. 메뉴와 가격은 변동될 수 있다는
  점을 양해해 주시기 바랍니다.

자료참조 _____

- S&B 카레.COM : http://www.sbcurry.com/faq/faq-463/
- 원조 카레빵은 3가지 기원설이 있음.
  1) 카토레아(1887년 창업) 설
  2) 덴마크 블롯(BROT)(1934년 창업) 설
  3) 신주쿠나카무라야(1901년 창업) 설

참조 _____

- 일본 카레빵 협회
  · 카레빵의 기원 : https://currypan.jp/currypan/history/

점포안내

구글지도

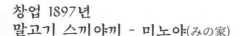

창업 1897년
말고기 스끼야끼 - 미노야(みの家)

　이전에는 몰랐었다. 오래 전에 다녔던 회사 사무실 건물에서 열 발짝이면 닿는 거리에 있던 노포가 얼마나 유명한 가게였는지. 사무실이 니혼바시(日本橋)쪽으로 이전하기 전까지 약 3년을 모리시타(森下)에 있었다. 전철역을 가기 위해서는 반드시 지나쳐야 하기 때문에 셀 수 없을 만큼 빈번하게 그 앞을 왕래했다. 때때로 이 가게 앞에서 유명한 일본 탤런트를 보기도 했는데 그들의 목적지가 바로 '미노야(みの 家)'였다는 것을 한참 지나고서야 알게 되었다.

　　딱 한 번 점심을 먹기 위해 가게 안으로 들어간 적이 있었다. 가게 앞에 메뉴를 알 수 있는 문구가 없기 때문에 '무슨 전골 전문점이겠지'라는 막연한 생각이었는데, 말고기 전문점이라는 것을 알고 1분도 지체하지 않고 다시 나온 적이 있었다. 개인적으로 호기심에 먹어보고 싶었지만, 같이 있던 일행이 자리를 박차고 일어서 버렸기 때문에 내가 다시 이 가게 문을 열고 발을 들이기까지 약 10년이 지나버렸다. 참고로 일본에서는 고대시대 때부터 메이지 유신 이전까지 고기를 먹지 않았다라고 알려져 있지만, 일반적으로는 가축으로 길러야 하는 소와 돼지를 제외한 고기는 먹었다고 한다. 표면적으로 대놓고는 말하기 어려웠기 때문에 멧돼지고기는 얇게 썰어서 접시에 펼쳐 담은 모양이 모란꽃 같이 보인다고 해서 '보탄(牡丹, 모란)'. 닭고기는 닭 털의 색깔이 측백을 연상케 한다고 해서 '카시와(柏, 측백)'. 말고기는 고기의 색깔이 벚꽃

같이 보여서 '사쿠라(桜, 벚꽃)'라고 했다고 한다. 사슴고기는 색깔과는 관계없고 '화투'에 단풍과 같이 그려져 있는 것에서 유래되어 '모미지(紅葉, 단풍)'라고 불리게 되었다고 한다.

　　미닫이 문을 옆으로 밀어서 가게 안으로 발을 들이면 가게가 안쪽으로 상당히 길다는 것을 알 수 있다. 입구에 들어서 오른쪽에는 주방이 있고 그 안쪽에서 분주하게 일하는 모습이 때때로 보인다. 아사쿠사의 요네큐혼텐(米久本店)과 같이 여기도 신발을 보관하는 '게소쿠방(下足番)'이 있어서 신발을 맡기고 번호표를 받아야 한다.

　　비가 내리는 정오를 조금 지난 토요일의 점심시간이었지만, 실내는 거의 만석이었다. 입구를 들어서 왼쪽에는 2층으로 올라가는 계단이 있는데 1층의 넓이가 상당한 것으로 보아 규모가 큰 가게임을 알 수 있다. 지금의 목조 건물이 지어진 것은 1954년이며 당시에는 숯을 사용했기 때문에 공기와 바람이 잘 통하도록 천정이 높은 특징을 가지고 있다.

　　자리는 긴 테이블에 초면의 사람과 어깨를 나란히 하는 합석이 기본이다. 2명의 경우에는 테이블 뒤로 나 있는 창을 넘어 일행과 마주보는 형태로 앉게 되는데, 성격이 급한 에도시대 사람들의 습관이 그대로 남은 것이다. 가게가 번잡할 때에는 멋모르고 짧은 치마를 입고 온 여성일행이 창을 넘으려고 애쓰는 웃지 못

할 헤프닝도 가끔 있다고 한다. 메인 요리인 말고기 스끼야끼 '사쿠라나베(桜なべ)'를 주문하기 전에 '말고기 회'나 고기의 표면을 살짝 구운 '타타끼(たたき)'를 시켜서 먹어 보면 고기가 얼마나 신선한지 이내 알 수 있다. 고기 특유의 비린 내음은 전혀 느껴지지 않으며 산뜻한 촉감 뒤에 씹으면 씹을수록 고소한 맛이 더해진다. 근육질의 이미지 때문에 질기지 않을까라는 우려가 있지만, 어찌 이토록 부드러운 살결을 지녔는지 놀랍다. 고기는 2~3주정도 숙성시키고 질긴 힘줄이나 근육의 막은 하나 하나 손질하여 제거하는 수고를 아끼지 않는다고 한다.

사케는 고급 사케가 아닌 보통주인 '하쿠쯔루(白鶴)'도 좋다. 오뚜기 같이 동그란 배를 가진 귀여운 1홉 사이즈 유리병도 최근에는 보기 드물어지고 있다. 일본이 고도경제성장을 하던 당시에 대한 향수를 가진 사람이라면 이 병에서 느끼는 감회가 새로울 것 같기도 하다.

사쿠라나베의 고기는 로스, 안심, 보통 세 가지로 나뉜다. 보통이라고 해서 질이 떨어지거나 하는 것이 아니라 로스, 안심을 썰고 남은 부위를 섞거나 해서 고기의 사이즈가 규칙적이지 않기 때문에 300엔 정도 싼 것 뿐이라고 한다. 스끼야끼에 들어가는 파를 비롯한 다른 재료는 모두 전문점을 통해 특별히 전용으로 만들어진

것이다. 특히, 파는 에도시대 때부터 도쿄에서 재배되어 오는 도쿄의 토박이 '파'
이며, 그 중에서도 엄선된 것으로 전골용 '파'로 널리 알려져 있는 유명한 스타급
'파'이다. 익혀진 재료는 계란을 찍어 먹는 게 스끼야끼의 일반적인 방법인데, 맛
이 있기도 하지만, 기본적으로는 뜨거운 것을 식히는 것이 주된 목적이라고 한다.

만족할 만큼 충분히 섭취한 뒤, 계산은 앉은 자리에서 부탁하면 된다. 계산
이 완료되면 그 증표를 주는데 이것을 신발 보관 나무표와 같이 '게소쿠방'에게 건
네야 자신의 신발을 찾을 수 있다.

소개메뉴

사케 1홉(180ml) ················· 680엔~ | 사쿠라나베 桜なべ ······················· 2,350엔

사쿠라나베 (로스)(안심) 桜なべ(ロース肉)(ヒレ肉) ··· 2,600엔

말고기회 馬肉刺身 ··············· 1,950엔 | 말고기타타키 馬肉たたき ············ 1,800엔

점포안내

점포명	미노야 본점 みの家本店
주소	東京都江東区森下 2-19-9
TEL	+81-3-3631-8298
영업시간	월~토 12:00~14:00 / 16:30~21:00	일 · 축 12:00~20:30
정기휴일	화요일
평균예산(1인)	런치 3,000엔~4,000엔	디너 6,000엔~8,000엔
주의	신용카드 사용불가
참고 URL	https://tabelog.com/kr/tokyo/A1312/A131201/13002984/

※ 메뉴와 가격은 2023년 6월 현재 기준입니다. 메뉴와 가격은 변동될 수 있다는 점을
양해해 주시기 바랍니다.

점포안내

구글지도

옛날 그리운 몬쟈 - 오징어 채. 말린 새우 등이
들어간 몬쟈야끼(1955년 무렵~)

구워진 심플한 몬쟈야끼(오코노미에 비해 비쥬
얼이 떨어진다)

잘게 썬 양배추, 돼지고기, 오징어, 문어, 새우 등을 밀가루 반죽에 섞어서 철판에 구운 뒤 달콤한 소스와 마요네즈를 뿌리고, 그 위에 가츠오부시 김가루를 뿌려서 먹는 '오코노미야끼(お好み焼)'는 '오사카(大阪)'나 '히로시마(広島)'의 대표적인 명물요리로 알려져 있다. 어느 쪽이 원조인가를 두고 두 도시 출신의 사람들 사이에 오랫동안 열띤 논쟁이 붙을 만큼 프라이드가 걸려 있어서 쉽게 판단할 수 없는 문제다. 그 점에서 '몬쟈야끼(もんじゃ焼き)'는 도쿄가 원조라는 것에 이론을

제기하는 지역이 없다. 아마도 처음 접했을 때의 비쥬얼이 그렇게 뛰어나거나 욕심내서 모방을 할 만큼의 매력이 바로 느껴지지 않아서 일지도 모르겠다.

몬쟈야끼의 어원은 에도시대 말기에 노점에서 판매되던 '몬지야끼(もんじ(文字)焼き)'에서 유래되어 발음이 변천돼 '몬쟈야끼(もんじゃ焼き)'가 되었다고 하는 설이 있다. 1945년 경에는 단순히 물에 밀가루를 묽게 타고 간장으로 양념을 하던 것이었는데 1955년 무렵에 들어서 양배추와 면, 오징어채, 말린 새우 등을 재료에 넣기 시작했고 오늘날처럼 명태알, 떡, 치즈 등 다양한 재료를 사용하게 된 것은 1980년대 이후에 일어난 이른바 '몬쟈 붐' 때였다고 한다.

이 몬쟈 붐을 타고 츠키시마(月島)에 몬쟈 가게가 들어서기 시작하여 현재에는 약 60여 개의 점포가 있다. 도쿄에 현존하는 가장 오래된 몬쟈 가게는 '아사쿠사(浅草)'의 1937년 창업 '아사쿠사 소메타로(浅草染太郎)'이지만, 츠키시마에 점포가 밀집하면서 '몬쟈 스트리트'라는 별칭이 생겨나고, TV의 각종 먹방과 잡지 등의 특집에서도 츠키시마를 주로 취재하여 '몬쟈'='츠키시마'라는 공식이 성립되어 버린 것 같다. 외국인 관광객은 물론, 일본의 다른 지역에서 온 많은 사람들이 몬쟈를 제대로 맛보려고 츠키시마를 찾는다. 60여 개나 되는 점포가 있는데도 불구하고 토요일·일요일의 저녁 무렵은 어느 가게나 만원을 이루며, 그 중 몇 군데는 가게 입구 앞에 1시간 이상 기다려야 하는 긴 줄을 만드는 곳도 있다.

몬쟈 스트리트

1950년 창업한 '몬쟈곤도 본점(もんじゃ近どう本店)'도 긴 줄이 만들어지는 곳이다. 일요일 오후 4시 50분경 가게 앞에 도착했을 때, 다행히도 먼저 와서 줄 서서 기다리는 손님이 없어서 '역시 일요일 저녁까지는 줄을 서서 기다릴 정도는 아니구나'라고 생각한 순간, 예약 손님이 무더기로 내 앞을 지나 삼삼오오 입장하는 것이 아닌가. 그나마 다행이었던 것은 20여분 정도 기다려 곧 자리를 안내받았다. 내가 가게 안으로 들어갈 때는 입구 앞에 20명 정도 줄지어 서 있었고 그 사람들은 꽤나 오랫동안 차례를 기다려야 했다.

　몬쟈야끼의 가게는 기본적으로 철판구이 요리에 충실하다. 야채에서부터 해산물과 고기류가 구비되어 있어서 몬쟈를 만들기 전에 적당히 구워서 안주로 먹기에 좋기 때문이다. 철판구이를 시작으로 대부분 제각각 선호하는 재료의 몬쟈야끼를 주문하게 된다. 몬쟈야끼를 어떻게 구워야 하는지 잘 모를 경우에는 망설이지 말고 점원에게 구워 달라고 부탁하는 것이 좋다. 일본 사람들도 익숙하지 않아서 많이들 부탁하곤 한다. 허나, 이왕 온 김에 실패를 무릅쓰고 만들어 볼 것을 추천한다. 오코노미야끼와 달리 몬쟈야끼는 그 과정이 더욱 맛을 느끼게 해 주는 즐거운 요리이다.

　　대학교에 다닐 때, 아르바이트로 몬쟈야끼 가게에서 3여년간 일한 경험이 있다. 문득 몇 개 정도를 구웠을까 계산해 보니 2,000개 까지는 아니지만, 얼추 1,000개 이상은 구웠던 것 같다. 오코노미야끼(お好み焼)와 야끼소바(焼きそば)도 비슷한 숫자를 구웠던 덕분에 지금도 이 3가지는 언제나 제법 잘 만드는 편이다. 야끼소바는 슈퍼에서 파는 간편한 야채세트로 손 쉽게 조리해서 먹을 수 있기 때문에 집에서도 가끔 해 먹는다.

　　몬쟈야끼와 오코노미야끼는 반죽을 만들고 각종 재료를 잘게 썰어 준비하

철판구이 – 오징어 다리와 아스파라거스 버터구이

1980년대이후부터 등장한 명태 알+떡 몬쟈야끼
(대부분의 가게에서 인기넘버3 안에 들어감)

는 것이 번거롭기도 하고 나 같은 핵가족이 하기에는 상당히 부담이 되는 요리이 기 때문에 집에서 만들어 본 적이 없다. 역시 전문적인 철판이 좋은 것 같다.

▎몬쟈야끼 만들기

몬쟈야끼의 기본 구성은 잘게 썬 양배추, 묽게 반죽한 밀가루, 소스이다. 좋아하는 재료가 올려져 있는 것을 선택하여 주문한다. 재료를 추가할 수 있기 때문에 심플 한 것을 선택하여 별도로 주문해도 된다.

① 재료를 철판에 볶는다.

용기에 담긴 건더기 재료를 철판에 볶 는다. 이 때 주의해야 할 것은 반죽(국 물)을 철판에 흘리지 않도록 용기를 수 평으로 두고 숟가락으로 건더기만 밀어 내야 한다.

② 제방을 만들고 반죽을 익힌다.

2~3분 정도 골고루 볶아서 양배추와 재료가 익으면, 둥근 도넛 모양으로 제 방을 만든다. 이 때 반죽(국물)이 바깥 쪽으로 새지 않게 가급적 촘촘하고 튼 튼하게 제방을 만들어야 한다. 둥근 제

방 안에 용기에 남아 있는 반죽(국물)을 천천히 부은 뒤, 철 주걱으로 8자를 그리듯이 천천히 섞으면서 반죽을 풀처럼 질퍽하게 만든다.

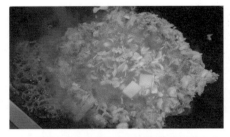

③ 골고루 섞으면서 볶는다

반죽이 거의 다 질퍽해지고 색깔도 짙은 갈색을 띠기 시작하면, 둥근 제방을 만들었던 모든 재료를 다 섞으면서 1분정도 볶는다.

④ 마무리

다 섞여서 볶아지면 두께가 3~4mm 정도 될 만큼 넓고 평평하게 펼친다. 그리고, 철판의 불을 약한 불 정도로 줄인다. 취향에 따라 위에 별도 주문한 치즈와 무료로 제공되는 카츠오부시, 김가루를 뿌리면 더욱 맛있게 먹을 수 있다.

⑤ 먹기

때때로 오코노미야끼처럼 젓가락으로 먹는 일행을 보는 경우가 종종 있다(심지어 일본사람 조차도). 꼭 가게에서 내어주는 작은 철 주걱(본래는 철이었으나 오늘날 대부분 스테인레스 제품이다)으로 드시기 바란다. 주걱으로 철판을 박박 긁듯이 떠서 살짝 태워진 것을 먹는 것이 가장 맛있게 먹는 비법이다.

삿포로 생맥주(중) サッポロ生ビール(中) ···················· 650엔

차가운 토마토 冷トマト ······ 300엔 │ 오징어 다리 버터구이 げそバター ······ 1,100엔

아스파라거스 アスパラバター ································· 4000엔

옛날 그리운 몬쟈 昔なつかしもんじゃ ······················ 700엔

떡 치즈 명태 알 몬쟈 もちチーズ明太子もんじゃ ···· 1,580엔

점포안내

점포명	몬쟈곤도 본점 もんじゃ近どう 本店
주소	東京都中央区月島 3-12-10
TEL	+81 3-3533-4555
영업시간	월~금 17:00~22:00 │ 토 · 일 · 축 11:30~22:00
정기휴일	연중무휴
평균예산	2,000엔~3,000엔
참고 URL	https://tabelog.com/kr/tokyo/A1313/A131302/13012771/

※ 메뉴와 가격은 2023년 6월 현재 기준입니다. 메뉴와 가격은 변동될 수 있다는 점을
  양해해 주시기 바랍니다.

점포안내　　구글지도

창업 1958년
직판점 오뎅 - 마루켄수산(丸健水産)

      대형 할인 마트의 등장으로 지역 동네 상가와 재래 시장의 소규모 가게들이 활력을 잃고 사라져 가는 추세이지만, 그래도 드물게 활기를 잃지 않고 있는 동네 상점가도 제법 있다. 활기를 잃지 않고 있다는 표현보다 다시 부활시키고 있다는 말이 더 어울릴 것 같다. 도쿄의 북쪽 변두리에 위치한 '아카바네역(赤羽駅)'이 그 대표적인 곳으로 불과 몇 년 전까지는 중심지에 비해 월세가 싼 시골의 이미지에 가까웠던 이 지역이 최근 들어 일본 전국에서 '살고 싶은 동네' 3위(2017년 조사)로 급부상하기도 했다. 아카바네역 주변의 번화가는 도심을 방불케 할 만큼 활기가 가득하고 다양한 면모를 갖추고 있기 때문일 것이다. 야채가게, 고기가게, 두부가게와 같은 오래된 상점과 최신 유행이나 새로운 스타일의 상점들이 무질서하면서도 조화롭게 구성되어 특이한 분위기를 자아내고 있는 동네이다.

아카바네역을 나와 걸어서 2분 거리에 있는 시장 골목에는 긴 줄이 끊이지 않는 오뎅 집이 있다. 수제 오뎅을 만들어 파는 조그마한 구멍 가게인데, 이 집의 오뎅을 맛보기 위해 전국각지에서 사람들이 찾아온다. 서서 먹는다는 다소 불편한 점과 30여 분의 시간 제한을 두고 있기 때문에 회전율은 무척 빠르다.

국민학교(지금의 초등학교) 때, 몇 학년 때인지는 정확히 기억이 나지 않지만, 짝이 오뎅 집 아들이었다. 아버지가 오뎅을 제조해서 파셨기 때문에 녀석의 도시락 반찬은 항시 오뎅이었다. 김치, 단무지, 콩자반의 빈도가 높았던 나에게는 녀석의 반찬이 부러웠지만, 정작 본인은 지겹다고 투덜대던 기억이 난다. 한국에 갈 때면 꼭 전철역이나 버스터미널에서 오뎅을 먹게 된다. 어렸을 때 자주 먹지 못했던 원한을 풀기 위한 것은 아니지만, 세월이 많이 바뀌어도 좋아하는 음식의 취향은 그리 쉽게 변하지 않는 것 같다. 오뎅 서너 꼬치를 순식간에 해치우고 뜨거운 국물을 후후 불며 삼키는 그 맛은 상상을 하는 것만으로도 침이 넘어간다. 한국 사람 중에 오뎅을 싫어하는 사람이 있을까. 아, 오뎅 집 아들이었던 내 짝 녀석은 아닐지도 모르겠다.

줄 서는 것이 싫다고 투덜대는 그를 억지로 세워서 차례를 기다렸다. 20~30여 명 정도 있는 것을 보고 1시간 정도를 각오하고 줄을 섰었는데, 의외로 20여 분만에 차례가 돌아왔다. 좀 전까지 시큰둥한 표정의 그가 30여 종의 오뎅이 눈 앞에 보이자 흥분을 감추지 못하고 신나게 이것저것 고른다. '참 얄밉다'. '무는 빠뜨리면 안 되고, 우엉, 연근, 새우, 부추, 사츠마아게 등등...'. 종류별로 오뎅을 다 고를 듯한 기세로 주문을 하길래, 먹을 수 있는 만큼만 담으라고 했더니, 이 정도는 한 입에 다 먹을 수 있다고. 손사래를 치며 다

시 말릴 틈도 없이 또 추가.

위장 크기와 시간이 제한되어 있기 때문에 이 순간 가장 먹음직해 보이는 것을 고를 수밖에 없다. 급히 서둘러 주문하지 않아도 된다. 오히려 점원이 천천히 고르라고 일러주기도 하고, 오늘은 이게 좋다고 추천도 해 준다.

소박한 오뎅의 따스함을 온 몸으로 느낄 수 있다. 가끔씩 시장 골목을 스쳐가는 차가운 바람 덕분에 오뎅의 맛이 한결 더 짙게 느껴 지기도 한다. 좁은 테이블이기 때문에 어깨를 다닥다닥 붙이고 나란히 서 있는 옆 사람과 자연스레 대화를 나누게 되고, 물어보지도 않았는데 멀리서 온 것을 자랑이라도 하듯이 '오사카'에서 왔다고 말하며, 침을 튀기면서 오뎅이 맛있다고 칭찬을 늘어 놓기도 한다. 어떤 이는 도쿄에 출장 올 때는 반드시 들린다고 한다. 오뎅 한 접시와 컵 사케 한 잔을 15분 정도에 해 치우고는 홀연히 사라졌다.

다시와리(出汁割) 사케

알코올 음료는 캔 맥주(350ml)와 컵 사케(180ml)가 불티나게 팔린다. 가게의 회전율을 높이기 위해 알코올 음료는 기본적으로 1인 한가지만 주문할 있는데, 대부분의 단골들은 컵 사케(One CUP)를 즐긴다. 컵 사케의 라벨을 자세히 보면 눈금이 표시되어 있는데, 아주 중요한 표시이다. 사케를 마시다가 눈금이 약 50ml 정도 남았을 때, 50엔을 내면, 남은 사케에 오뎅 국물을 넣는 '다시와리(出汁割)'을 만들어 준다. 시치미(七味, 고추 가루

등이 들어 있는 매운 향신료)를 듬뿍 넣어 칼칼한 매운맛과 각종 오뎅에서 우러난 국물의 감칠맛, 그리고, 소량의 사케와 어우러진 절묘한 하모니를 마지막에 즐길 수 있다.

캔맥주 ····· 350엔 │ 사케 One CUP(180ml) ····· 350엔 │ 다시와리 出汁割 ····· 50엔

각종 오뎅 1개 各種おでん ·· 100엔~280엔

오뎅 세트(오뎅 4~5개(종류 선택불가)＋음류수 1병) おでんセット ················· 900엔

점포안내

점포명	마루켄 수산 丸健水産
주소	東京都北区赤羽 1-22-8
TEL	＋81 03-3901-6676
영업시간	10:30~19:00
정기휴일	월요일 · 수요일
평균예산	1,000엔~2,000엔
주의	신용카드 사용불가
참고 URL	https://tabelog.com/kr/tokyo/A1323/A132305/13008755/

※ 메뉴와 가격은 2023년 6월 현재 기준입니다. 메뉴와 가격은 변동될 수 있다는 점을
양해해 주시기 바랍니다.

점포안내　　구글지도

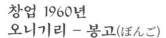

창업 1960년
오니기리 - 봉고(ぼんご)

　　도쿄에서 가장 편리한 대중교통인 전철과 지하철 노선은 거미줄처럼 얽혀 있다. 구간이 지정되어 있는 출퇴근 노선을 제외하면 도심에서 가장 많이 이용되는 전철 노선은 연녹색 차량으로 운행하는 '야마노테센(山手線)'이다. 총 30개의 역이 있으며, 개인적인 용무와 업무상으로 대부분의 역을 수시로 이용한 적이 있지만, 도쿄 거주 20여 년 동안 유일하게 딱 2번 이용한 역이 있다. 오오츠카역(大塚駅)이다.

　　한 번은 후배가 저녁약속으로 오오츠카에서 만나자고 해서 갔더니, 코리아타운이 있는 오오쿠보(大久保)역을 착각하여 오오츠카로 생각하고 있었다고 하는 것이 아닌가. 참 기가 막힐 노릇이었다. 역을 나오자 마자 다시 들어가 결국 오오쿠보로 이동했다. 두번째는 고양이 까페가 아직 흔치 않던 시기에 고양이 까페를 목적으로 가본 적이 있었다. 도쿄에서 유일한 노면전철의 종점이기 때문에 기차·열차 등을 좋아하는 분들은 필히 찾는 유명한 곳이기도 하고, 내가 일본에서 대학

입학한 당시 학교가 인근에 있었기 때문에 한 번은 이 역을 이용할 법도 했지만, 나에게는 참 인연이 없었던 역이었다.

남쪽출구와 비교해 북쪽출구 쪽이 번화한 모습을 보이기는 하지만, 주위는 비교적 주택가가 많은 작은 역이다. 북쪽출구를 나와 큰 도로에 나서게 되면 이내 도로 건너편의 오니기리 전문점 봉고(ぼんご)의 가게가 보인다. 영업을 시작하는 11시 30분 이전부터 가게 앞에는 긴 줄이 있기 때문에 도로 건너에서도 쉽게 알아볼 수 있다. 꼬불꼬불 골목길을 요리조리 찾는 다거나, 가게의 외형이 일본스러운 아기자기한 모양이 있다거나 하는 풍류는 없다. 그냥 국도변에 있는 밋밋한 조그마한 가게가 있다. 친절하게도 가게 앞에 줄을 서는 방법을 알리는 간판이 세워져 있다. 순번을 기다리는 손님들 때문에 주위로부터 무척 많은 불만이 접수된 듯하다. 그러고 보니, 오오츠카에 있던 아주 유명한 라멘 가게가 주민들의 불평 해소를 위해 다른 곳으로 이전했다는 뉴스를 접한 기억이 난다.

가게 안으로 들어서면 어딘가 '고독한 미식가'의 가게를 연상케 하는 허름하고 낯익은 듯한 분위기. 당연한 것이지만, 관광지의 깔끔하게 꾸며진 가게가 아니다. 주방을 둘러싸는 카운터식으로 한 번에 12명이 앉을 수 있다.

밥짓는 쌀이 맛있기로 유명한 '니가타현(新潟県)'의 쌀은 계단식 논에서 수확한 것으로 쌀 톨이 오니기리를 만드는데 가장 적정한 크기의 것을 고른 것이라고 한다. 물론, 김과 소금도 좋은 산지의 것을 쓰고 있다. 오니기리 속으로 넣는 재료의 종류는 55가지. 토핑으로 두 가지 재료를 섞

을 수도 있다. 주의할 것은 섞지 못하는 것도 있기 때문에 주문할 때 물어보면 친절하게 알려준다.

여느 오니기리와 달리 첫 인상은 '우와, 크다'이다. 편의점의 것과 비교하면 약 2배~3배. 속이 찔끔 들어있는 편의점의 것과 달리 밥 2에 속 1의 비율로 만들어져 속이 삐져나올 듯이 꽉 차 있다. 밥을 주먹밥식으로 뭉치는 것이 아니라, 가볍게 쥐고 김으로 감싸는 정도로 만들기 때문에 입속에서 밥알이 흩어지는 밸런스가 아주 뛰어나다. 흡사, 만화 미스터 초밥왕을 연상케 하는 숙련된 손놀림이다.

오니기리와 미소시루는 개별적으로 주문하기 보다 세트로 주문하는 것이 좋다. 오니기리 2개(300엔＋300엔)와 미소시루(200엔)를 따로따로 주문하면 800엔이지만, 세트로 주문하면 100엔 싸다. 3개 세트도 100엔 싸지며, 300엔 이상의 오니기리는 차액을 더 내면 된다. 세트로 주면 할 경우 미소시루는 '오카와리 지유(おかわり自由:무한리필)'이 된다. 무한리필이라고 무리는 하지 마시라. 한 그릇으로도 충분한 양이다.

점심시간에는 하루 전 전화로 주문해 찾아가는 손님도 상당히 많다. 인근의 작은 공장이나 사무실에서 단체로 주문한 것을 찾으러 담당자가 분주하게 찾아온다. 매일 먹어도 질리지 않는 포근한 맛이다.

오니기리 おにぎり ·································· 300엔/350엔/350엔/400엔/600엔

미소시루 みそ汁 ·································· 200엔(나메코なめこ 버섯추가 ＋100엔)

2 개 두부지루 세트 2 個とうふ汁セット ·································· 700엔(평일)

3 개 두부지루 세트 3 個とうふ汁セット ·································· 1,000엔(평일)

점포명	오니기리 봉고 おにぎり ぼんご
주소	東京都豊島区北大塚 2-26-3 金田ビル 1F
TEL	＋81-3-3910-5617
영업시간	11:30〜23:00
정기휴일	일요일
평균예산	1,000엔
주의	신용카드 사용불가
참고 URL	https://tabelog.com/kr/tokyo/A1323/A132302/13003791/

※ 메뉴와 가격은 2023년 6월 현재 기준입니다. 메뉴와 가격은 변동될 수 있다는 점을
양해해 주시기 바랍니다.

점포안내 구글지도

창업 1963년
야끼토리 토리타케(鳥竹)

　　시부야역 인근은 지난 30년 이상의 재개발 공사로 다니기 불편하고 번잡했
는데, 드디어 그 마무리 단계에 이르러 가고 있다고 한다. 세대차이를 느끼기 때문
만은 아니지만, 25년간 일본에 살면서 스스로의 의지로 시부야를 찾은 건 10번이
채 되지 않을 것이다. 매스컴을 통해 아는 유명한 지역이지만, 여전히 그냥 잘 모
르는 딴 동네이다. 젊은 층의 사람들이 즐겨 찾는 지역이라서 오래된 가게, 이른바
샐러리맨 아저씨를 위한 이자까야는 없을 거라는 선입견을 가지고 있었다.

케이오 이노가시라센(京王井の頭線) 전철역 서쪽 개찰구 바로 앞에 1963년 창업한 토리타케의 4층 건물이 위풍당당하게 서 있다. JR 시부야역 반대편에 재개발된 미야시타 파크, 시부야요코쵸(渋谷横丁)와 달리 적당히 낡고 꾀죄죄한 모습이 번화가의 면모 보다는 흔히 있는 동네 전철역 앞의 풍경이라 익숙하고 친근함이 느껴진다.

위에서부터 토리키모, 야끼토리, 츠쿠네

자리는 128석이 있는데 런치 타임이 지나간 오후 시간도 빈자리가 많지 않다. 저녁 시간에는 가게 앞에 상당한 줄이 길게 늘어선다. 기본적으로 예약은 5명 이상이어야 가능하고, 4명 이하는 당일 상황에 따라 운에 맡길 수 밖에 없다고 한다. 종업원의 말을 들어보니, 회전율은 비교적 빠른 편이라 예약없이 와도 금방금방 자리에 앉을 가능성이 높다고 한다.

마스자케(升酒)

야끼토리는 취향에 따라 소금 또는 타레(간장소스)로 선택을 할 수 있는데, 개인적으로 타레를 선호한다. 주문을 받고 갓 구워 내주기 때문에 굽는 시간이 조금 걸리지만, 그 맛은 엄지 손가락을 바로 치켜세울 수 있는 보장된 맛이다. 내가 사는 동네의 전철역 앞의 야끼토리와 비교하면 사이즈는 2배정도인데, 만족감은 3배이상 있는 것 같다. 특히, 레어로 살짝 구운 토리키모(간)은 볼륨감도 있지만, 선도가 좋아서 잡내가 없고 감칠맛이 좋다. 츠쿠네(つくね)는 반드시 주문하시라. 적당히 야채와 다져서 부드럽고 촉촉한 느낌이 독특하다. 사케는 몇 종류 없지만,

마스자케(升酒)를 추천한다. 삼나무의 옅은 향이 상쾌하고 닭꼬치의 기름기와 잘 어울린다.

    토리타케 덕분에 시부야에 대한 나의 인식이 조금은 바뀌었다. 아저씨가 가도 즐길 수 있는 동네다.

소개메뉴

생맥주(중) 生ビール(中) ················ 737엔	마스자케 升酒 ·························· 572엔
야끼토리 やきとり ·························· 330엔	토리키모 とり肝 ······················· 330엔
츠쿠네 つくね ······························· 352엔	

점포안내

점포명	토리타케 鳥竹
주소	東京都渋谷区道玄坂 1-6-1 1F
TEL	＋81 3-3461-1627
영업시간	12:00～23:30
정기휴일	연중무휴
평균예산(1인)	런치 1,000엔~2,000엔 ｜ 디너 3,000엔~4,000엔
참고 URL	https://tabelog.com/kr/tokyo/A1303/A130301/13001702/

※ 메뉴와 가격은 2023년 6월 현재 기준입니다. 메뉴와 가격은 변동될 수 있다는
   점을 양해해 주시기 바랍니다.

점포안내

구글지도

간단 '사케 기초' ⑨
사케 성분의 80%는 물

일본의 주세법에 근거하여 사케의 알코올 도수는 15도를 기준으로 한다. 15도보다 높거나 낮은 제품도 있지만, 시판하는 대부분의 사케는 알코올 도수 15도이다. 여기서 알코올 도수는 어떤 알코올 음료에 대해 에탄올 체적농도를 백분율로 표시한 비율이며, 사케는 ○○도, ○○%로 표시한다. 알코올 도수 15도라는 말은 예를 들어, 100ml의 사케를 구성하는 성분 중 에탄올 체적농도가 15%(15ml)이고, 나머지는 주로 물과 아주 소량의 다른 성분을 포함하고 있다는 의미가 된다. 특히 물은 사케 성분의 80%이상의 비율을 차지하는 아주 중요한 성분이며, 물의 특징이 사케의 향과 맛에 큰 영향을 준다.

사케를 빚는 최적의 물에는 '나다(灘:코베시와 니시먀야시 일대의 일부 해안 지역을 일컫는 말)'의 '미야미즈(宮水)'가 대표적인 것이다. 미야미즈는 사케 양조에 해로운 철분이 적고, 인, 마그네슘이 풍부하다. 적당한 칼륨도 있어서 사케 양조에는 최적의 물이라고 한다. 이런 미네랄이 풍부한 물을 경수(硬水)라고 하며, 경수로 빚은 사케는 남성적 이미지의 카라쿠치(辛口)가 되는 경향이 강하다고 한다. 이러한 유래에 의해 나다의 사케는 '오토코자케(男酒)'라고 불리고 있다. 반대로 비교적 미네랄 성분이 적은 난수(軟水)의 대표적인 지역으로 교토를 들 수 있다. 교토의 사케는 여성을 연상케 하는 부드러운 느낌의 경향을 보인다고 해서 '온나자케(女酒)'라고 불리고 있다. 지역 물 맛의 특징에 따라 사케의 맛도 달라지는 것을 알 수 있는 대표적인 표현으로 '나다(灘)의 오토코자케(男酒), 교토(京都)의 온나자케(女酒)'가 자주 인용되는 문구이다.

최근 일부 양조장에서는 물의 특징에 의한 향미의 변화를 배제하기 위해 일부러 정제수를 사용하는 곳도 더러 있다. 일부는 지하수의 수질 변화 때문이거나,

수맥이 바뀌어서 지하수가 부족해진 양조장도 정제수를 사용할 수밖에 없다고 한다. 이들 양조장은 물의 개성을 사케에 나타낼 수는 없지만, 쌀 가공, 코오지와 효모의 다양한 조합, 양조과정의 변화 등등으로 기존과는 다른 특징을 만들기 위해 부단히 노력하고 있다고 한다. 긍정적으로 생각하면, 경수, 난수, 정제수로 빚어진 사케를 비교해서 맛볼 수 있는 제품군의 다양화를 기대할 수 있다. 냉방기술의 발달로 사계절 깅죠슈(吟釀酒)를 생산할 수 있게 된 것과 같이 정제수로 빚은 늘 일정 수준의 안정적인 맛의 사케를 제공받을 수 있다는 점은 평가할 만하다고 생각한다.

참고자료 ━━

– 미야미즈 https://ssi-w.com/enjoy/glossary/sake/

저자협의
인지생략

일본 도쿄 백년 맛집 탐구생활

1판 1쇄 인쇄 2024년 02월 20일
1판 1쇄 발행 2024년 02월 25일

—

지 은 이 김성수
발 행 인 이미옥
발 행 처 J&jj
정   가 20,000원
등 록 일 2014년 5월 2일
등록번호 220-90-18139
주   소 (04997) 서울 광진구 능동로 281-1 5층 (군자동 1-4 고려빌딩)
전화번호 (02) 447-3157~8
팩스번호 (02) 447-3159

—

ISBN 979-11-92924-09-0 (03910)
J-24-01

J & jj
제이 앤 제이제이